シン・日本列島改造論

石丸伸二

フローラル出版

はじめに

２０２４年5月16日、私は東京都知事選に立候補することを表明しました。その時に私が発したメッセージは

「人生くらいなら賭けてやる」
「私たちは変われるし、変えられる」

でした。

前者は自分に対しての覚悟の表明、後者は日本国民に対しての危機感と覚悟を呼びかけるものです。

私が都知事選への出馬を決意したのは、ひとえに日本の未来への危機感からです。安芸高田市長を務めてわかったことは、地方からでは日本が直面している人口減少、少子高齢化は止められないという事実です。

東京の一極集中を解消し、そこから全国にわたる多極分散に向かう。

これまでの東京都は「国際都市化」「都民ファースト」といったことを標榜してきましたが、国の存亡にかかわる人口減少、少子高齢化がこれだけ進行している今、もはや東京だけが良ければいいという問題ではありません。東京を変えることで、日本を変える。そんな時が来ているのです。

今回の都知事選では、現職の小池百合子氏と、前参議院議員の蓮舫氏の有名な2名の候補者がいたことで、マスメディアは「女の闘い」の構図を作り上げ、連日取り上げました。両氏の背景から与野党対決の様相もあり、対立の構図は仕方のないことかもしれませんが、令和のこの時代に「女の闘い」ですよ？　政策・理念の話ではなく、性別を前面に押し出した、対立構造として取り上げられることに、正直なところお二人がとても気の毒に思えました。

私が都知事選に立候補した目的は、東京の一極集中を解消し、多極分散することで東京と地方の人口のリバランスを図ることです。しかし都知事選で当選することは、簡単な勝負ではありません。実はこれまでも、「東京一極集中の解消」を唱えて都知事選を戦った人はいました。しかしそれを公約にした候補者で当選した方はいません。非常に困難を極めた戦いになります。だからこそ、私、石丸伸二の人生くらいなら賭けてみよう。そう思えたのです。

2023年の人口動態統計で、一人の女性が生涯に産む子どもの数を示す合計特殊出生率は1・20で過去最低を記録しました。これは国立社会保障・人口問題研究所の推計よりも10年早いペースで減少しているそうです。中でも東京都は47都道府県中、最も低く0・99と「1」を下回っています。見る人が見れば、この数字はかなり衝撃的なものです。果たしてこの危機を、現在の日本国民はどれだけ理解できているでしょうか？

私が安芸高田市長に立候補したのは、生まれ故郷を何とかしたいという思いのほかに、政治への危機感がありました。広島を舞台にした贈収賄事件、俗に言う河井事件です。

河井氏からお金を受け取っていた安芸高田市長は辞任に追い込まれましたが、次期市長選には当時の副市長しか立候補していない状況。この副市長というのが、辞任した市長が後継に任命した人でした。

このままでは無投票で市長が決まってしまう。そう考えた時に、ものすごい危機感が私を襲いました。

「あんな大きな事件があったのに、変えようとしない、変わろうとしない」

このままでは安芸高田市は終わってしまう。そう思った私は、会社に辞表を提出し、安芸高田市に飛んで帰って選挙に出ました。

2020年8月に市長に就任してから、1期約4年間。政治再建、財政改革、未来への投資。この期間にできることはすべてやりきりました。なかでも政治再建は、多くの市民が政治に興味を持ってくれたことで、かなり進展できたと感じています。

私の政治手法でよく言われるのが、「議会やマスメディアとの衝突」です。「議会を敵に回したら政策が通らない」「もっと根回しして上手に振舞った方がいい」そんなアドバイスは嫌というほど聞きました。でも私はそれを良しとはしません。なぜなら、議員の機嫌の良し悪しで政策を決めるような議会に、市政は任せられないと思うからです。「おかしいことに、おかしいと言える」それが私が理想とする政治家です。

「天動説と地動説」の話を例にすると、昔は太陽が地球の周りを回っていたと信じられていました。そこへガリレオ＝ガリレイが「地球が太陽の周りを回っている」と地動説を唱えます。当時は異端の考えで、ガリレオは宗教裁判で有罪判決を受けてしまいます。最後にガリレオは「それでも地球は回っている」とつぶやいたといわれています。

その後、科学的に地動説が正しいことが証明されました。今では小学生でも知っていることです。大事なのは「それでも地球は回っている」と言い続けた人間がいたことです。今すぐには変わらなくても、いつか必ず変わる。

安芸高田市では、「自分に選挙権がないことが悔しい」と、市の教育長に訴えた中学生がいたそうです。教育長からその話を聞いた時、私は感動に打ち震えました。安芸高田市民の間に、確実に政治への興味・関心が根付き始めている。私たちは変われるし、変えられる。安芸高田市でできて、東京都にできないはずがありません。

本書のタイトルは『シン・日本列島改造論』です。出版社側から提案されたもので、正直、ちょっと大げさかなとも思いました。しかし、小さな地方の自治体が直面した問題、そこで起こった事象は、今後間違いなく日本全体の問題として降りかかってきます。加速度的に人口減少と少子高齢化が進行していく日本が向かうべき方向性を、安芸高田市長時代の実例を振り返りながら、本書で少しでも示すことができたらと思います。そしてあわよくば、一人でも多くの人がこの国の危機と向き合い、行動するきっかけになれば幸いです。

Contents

シン・日本列島改造論

第五章 「親」 親子世代をつなぐまち

第六章

「進」日本が進むべき道とは…133

第七章 「申」石丸伸二が物申す

装丁デザイン……小口翔平（tobufune）
本文デザイン……ヨシノブデザイン
DTP……株式会社デジタルプレス
執筆協力……小貫正貴
校正……株式会社ぷれす

第零章

石丸伸二の原動力

「伸」

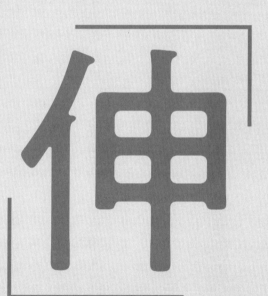

私がなぜ安芸高田市に立候補したのか、そしてさらにその職を辞して東京都知事選に出馬という行動に出たのか。

その根拠にあるのは「危機感」でした。私がいかにして、その「危機感」を抱くようになったのか？　一度、私のルーツから遡ってみたいと思います。

ふるさとから脱出することばかりを考えていた中・高校生時代

２０２０年に私が安芸高田市長選に出馬したのは、愛する故郷の衰退を止めたいと思ったからです。私は１９８２年８月12日に、当時の広島県高田郡吉田町に生まれました。会社員であった父は、兼業で米農家も営んでいました。住まいは吉田町の商店街の表通りから少し裏に入ったところで、家族５人での借家住まい。決して裕福な家庭ではありませんでした。

日本のバブル景気が１９８６年12月から１９９１年２月までとされているので、日本全国が好景気に沸いていた時代です。戦後の復興に合わせて広島に多くの人が戻ってきていて、現在の安芸高田市を構成していた6町も人口がどんどん増えて、一番成熟していたのが80年代だったと思います。おそらく吉田町の商店街自体がもっともにぎわっていた時代だったと思います。

私も幼心に「豊かな町だなぁ」と感じていましたし、当時を知る老齢の方たちにお話を聞いても、当時のにぎわいを懐かしそうに語ってくれるので、私の記憶違いではないと思います。

毎年5月5日になると「市入り祭」という祭りがおこなわれます。神輿に供奉する「千歳山」「八雲山」の2台のだんじり屋台の上で、3人の子どもたちが歌舞伎を演じるもので、300余年の伝統をもつお祭りです。私が小学生時代の80年代は、5月5日になると吉田町の外からもたくさんの人がやってきて、人でぎゅうぎゅう詰めになる状態。露店が並ぶさまは本当に壮観の一言でした。確かにあの時代、まちは生命に満ち溢れ、神々しいまでに輝いて見えました。

そんな吉田町でしたが、私が中学・高校と進学するにつれ、みるみる賑わいを失っていきました。次々とお店が閉まっていきシャッター街になっていく。最近まで通っていたお店が、いつの間にか駐車場になっている。自分の成長に反比例するように、生まれ育ったまちが衰退していくのです。それを見た私は、決意しました。

「この町から脱出しなければいけない」

薄情に聞こえるかもしれませんが、それが当時の私の偽らざる心境でした。まちのピークからピークアウトしていくまでを、目の当たりにしてきたわけです。このまちのために、と思うどころか「ここにいたらヤバい」と心底感じたのです。閉じていく世界に居続けたら自分の人生も終わってしまうと。とにかく外に出なければいけない。それが物心がついてから大人になる課程でずっと感じていたことです。

世界の最果てのまちで頭をよぎったふるさとの光景

そして大学は京都大学へ、大学卒業後はより大きなフィールドを求めて、三菱東京UFJ銀行（現・三菱UFJ銀行）に入行しました。

行員時代の仕事はやりがいのあるものでした。姫路支店に始まり、企画部経済調査室、円貨資金証券部に配属を経て、2014年に為替アナリストとしてニューヨーク駐在となりました。この時はカナダからチリまで、ほぼアメリカ大陸全土を担当。大陸中を忙しく飛び回る日々は、実に充実したものでした。

そんなある日、講演会でアルゼンチンを訪れる機会がありました。その時にふと思ったんです。「ずいぶん遠くへ来たなぁ」と。

地図を見てもらえばわかると思いますが、アルゼンチンは南アメリカ大陸の中でも、さらに南側に位置する国で、日本の裏側と言っていい場所です。

20世紀初頭までのアルゼンチンは、イギリスとの強固な経済関係と、農産物の生産・輸出で高度成長を成し遂げ、先進国と呼ばれていました。しかし1900年代中盤から政治の失策が続き、経済は停滞していきます。現在は当時の勢いはなく、治安もあまりよろしくない。日本語はもちろん、英語も通じない。そんなまちに一人ぽつんと佇んだときに、世界の最果てに来たのだと実感しました。これ以上の遠くはないのだと……。

その時、ふとあることに気付きました。このアルゼンチンの状況は、現在の日本に似ているのではないか？　敗戦の焼け野原から立ち上がり、高度経済成長を経て、GDPではアメリカに次ぐ世界2位の座にまで昇りつめ、「東洋の奇跡」と世界から称賛された日本。しかし現在の日本はどうでしょうか。

1990年代にバブルが崩壊したあと、日本政府は有効な政策が打てずに、経済は衰退を続けており、「失われた30年」と呼ばれるようになりました。内閣府が発表した「令和4年度　年次経済財政報告」によると、1世帯の所得額の中央値は、1994年の505万円から2019年には374万円まで大幅に低下しました。これは低所得者が増え、格差社会が広がっていることを表しています。

「このままでは日本が終わってしまう。ふるさとがなくなってしまう」

アルゼンチンのまちに一人佇んだ時、頭に浮かんできたのは日本のこと、そして生まれ育った安芸高田市のことでした。あの小さな田舎町。友達と走り抜けた商店街の喧噪、夕焼けに輝く黄金色の稲穂、通っていた小学校の裏山にあった「郡山城跡」、心躍らせた年に一度の「あきたかた神楽」。少年時代に目の当たりにした、キラキラと輝いた風景が鮮明によみがえってきました。

日本に生まれたから、いま自分はここにいる。あのまちを飛び出したい衝動が、自分をここまで連れてきてくれたのだと。逆にアルゼンチンに生まれていたとしたら、日本へ行くことは絶対になかったでしょう。日本という国、安芸高田というまちがどうにも愛おしく、そこに生まれ育ったことにとてつもない恩義を感じた瞬間でもありました。

京都大学で学んだ知識、銀行員として、また金融アナリストとして積み上げたキャリアを、いつか故郷・安芸高田市のために使いたい。いつの間にか漠然とそんなことを考えるようになりました。定年後のセカンドキャリアとしては悪くないように思えました。ところが……。

生まれ故郷の危機に居ても立ってもいられず

ある日テレビから生まれ故郷の名前が聞こえてきました。2019年7月の参議院選挙での、当時の衆院議員の河井克行氏による公職選挙法違反です。広島県選挙区で立候補していた河井氏の妻・案里氏を当選させるためにおこなわれた大規模な買収事件です。当時全国的なニュースになったのでご存じの方も多いのではないでしょうか。

金銭を授受したのは広島県の地方議員100名でした。かなり大規模な収賄ですが、その中に児玉浩安芸高田市長（当時）と、3人の現職の安芸高田市議会議員がいました。先川和幸議員、水戸真悟氏、青原敏治氏。

住民から選ばれ、公明正大でなければいけない人間たちが、公職選挙法違反の当事者となっていたわけです。自分たちが選んだ議員が、住民のためではなく、私利私欲のために動いていた。権力の私物化と思われても仕方ありません。

なお「先川議員」と書いたのは、先川和幸氏は2020年7月に辞任したものの、その年の11月に行われた安芸高田市議会議員選挙に出馬し、当選を果たしているからです。住民に選挙で選ばれたので、その結果について異議を唱えません。どんな経緯であれ、安芸高田市にとって必要な人材だと住民に判断されたのですから、今度こそは住民を裏切らず、市のために職責を全うすればいいだけの話です。

もう一つ付け加えておくと、河井夫妻から金銭を受け取ったほとんどの議員たちを、検察は不起訴としました。金銭を授受した側だけお咎めなしというのは、どうにもスッキリはしませんが、こちらも今、ここで論じてどうなるものでもありません。

話を戻しましょう。河井克行・案里夫妻による大規模な買収事件が明るみとなり、児玉市長は金銭の授受を認め辞職しました。そして新しい市長を選任する選挙がおこなわれることになりました。

当初、立候補したのは、辞職した児玉前市長が後を託したという、当時の副市長ただ一人。このままでは無投票で副市長が市長に繰り上げられるだけです。このニュースを知ったとき「このままでは安芸高田市は変わらない。それどころか加速度的に消滅への一途を辿ることになる」という危機感が私を襲いました。そして居ても立ってもも居られず、翌日に辞表を出し、安芸高田市長選に出馬することを決意したのです。

大差で当選も投票率の低さに市政の課題が見えた

当時の私は銀行でアナリストとして働いており、忙しくはありましたが仕事自体はとても気に入っていました。いつか生まれ故郷に戻って、安芸高田市のために尽力したいと漠然と考えてはいましたが、それはまだまだ先の話だと思っていました。しかし安芸高田市長選の状況を目の当たりにすると「自分がやるしかない」「これ以上、ほったらかしにしてはいけない」という衝動に駆られたのです。

選挙の投票日は2020年7月28日。私が前職を辞して安芸高田市に戻ってきたのは、ほぼ1カ月前でした。とりあえず昔からお世話になっている近所のおじちゃん、おばちゃんへ挨拶に行くことからのスタート。同級生や父母の世代の方たちから始まり、1日数十ヵ所を演説で回る日々が続きました。選挙の時期になると、選挙カーから手を振りながら名前を連呼する光景が見られますが、私は自分の名前より「これまで通りの政治を続けるのか、新しい政治を始めるのか」を訴え続けることにしました。

今回の選挙の発端は、私利私欲に走った政治家による汚職事件です。信用して票を投じた人が汚職に手を染めていたわけですから、彼らに1票を投じた住民には大きなショックだったと思います。私は常々「その人を選んだのは皆さん」と言っています。「政治とカネ」の問題の表面化は、住民に「このままではいけない」という意識を確かに植え付けました。

選挙の結果は、私が8076票、前副市長は5344票の得票数で勝利できました。投票率は56・98と、2004年に安芸高田市となって以来、最も低いものでした。選挙戦の中で、市政への興味を喚起できたという手ごたえを少なからず感じていただけに、意外であり残念でもありました。これから市長として、住民の皆様にもっと市政・政治に興味をもってもらえるような働きかけをしていかなければいけないと感じました。

政治に興味を！「政治のエンタメ化」を標榜する意味

私のことを、市議会と激しく対立している市長としてご存じの方も多いと思います。ことの発端は、市長就任後の9月に開催された市議会本会議で、いびきをかいて居眠りをしていた市議がいたことを、私がSNSに投稿したことです。

ほどなくして私は非公開の市議会全員協議会への呼び出しを受けました。そこで「議会の批判をするな、選挙前に騒ぐな、事情を補足してやれ、敵に回すなら政策に反対するぞ」と、言われたのです。そのこともSNSに投稿したことで、私と議会が対立していると見られるようになりました。

もっとうまくやればいいのに、根回しをすればいいのに、と考える方もいるかと思いますが、実はこれには狙いがあります。

不謹慎に聞こえるかもしれませんが、私は「政治のエンタメ化」を提唱しています。「エンターテインメント」は一般的に「娯楽」と訳されますが、語源は〝ｅｎｔｅｒ〟＝「〜の間に」と〝ｔａｉｎ〟＝「つかむ」で、「人の心をつかんで離さない」というものです。つまり私は、住民の皆さんに、市政＝政治にもっと興味を持ってほしいのです。

地方自治体の政治であれば、まず二元代表制の本来の姿を知ってほしい。国政であれば、選挙で選ばれた国会議員が、内閣総理大臣を国会の議決で指名しますが、地方自治体の首長と議会議員は、それぞれ住民の直接選挙で選ばれます。つまり両者とも住民の代表であり、対等なのです。

市長が新しい施策や予算、条例を提案し、議会議員がそれを審議・議決する。市長と議会議員はアクセルとブレーキの関係と似ているかもしれません。

議会は議論の場。根回しはいらない

だからこそ議会は、論じる場でなければいけません。私は議論は生産的、建設的でなければいけないと考えています。相手が気に入らないからとか、根回しがなかったから反対するというものではありません。人間ですから、合う合わないはあるかもしれません。しかしそれは別の話であって、議会では案件の一つ一つに対して、是か非かを論理的に話し合っていかなければいけません。それが住民のためになるのか、ならないとしたらどういった部分なのか。どうしたら実現できるのか。誰かと協力しながら、より良い解をみつけるためにおこなうのが議論です。

残念ながら議会では一般質問の機会を得ながらも、発言しない議員もいます。選挙で住民に直接選ばれた立場であるにもかかわらずです。民間の会社なら職場放棄とみなされても仕方ありません。私はそういう議員が存在していることも含めて、議会の内容を公開していきたいと考えました。

議会で行われる議論は、誰かと感情的に戦うという話ではなく、また論破して気持ちいというような話でもありません。一つ一つの案件に対して、是々非々で議論する。だから根回しなどは不要なのです。それどころか、根回しは悪とすら思っています。このスタンスは政治家を続ける以上は、貫き通したいと思います。

話が少し逸れましたが、要するに私は「政治のわかる化」をしたいのです。これらの議論を包み隠さず、多くの皆さんに見ていただきたい。だからあえて目立つような形で発信しているのです。議会ではなるべくわかりやすく説明するように努めます。

きっかけはどんなことでも構わないと思っています。「市長と議会がバトルを繰り広げている」でも「変わり者の市長がいる」でもいいのです。それをきっかけに市政に興味を持ってもらえたら。次の選挙には行ってみようかなと思ってもらえたら、こんなにうれしいことはありません。

第一章

まちを深く知る

「深」

自分の住むまちを深く知ることが、まちを変革する第一歩

皆さんは自分が住んでいるまちのことを、どれだけ知っているでしょうか。普段は当たり前のように接しているものが、実はわがまち特有のものであるということは意外と多くあります。

2024年1月にアメリカのニューヨーク・タイムズ紙が発表した「2024年に行くべき52カ所」で、4月8日に皆既日食が見られた「北米 皆既日食への道」、7月開催のオリンピックの会場「フランス パリ」に次いで、山口市が3番目に選ばれました。そのニュースに触れたほとんどの日本人が「なんで?」と思ったはずです。しかしそれ以上に驚いたのは、当の山口市民でした。「こんな何もないまちがなぜ?」ということのようです。

確かに選出の理由の一つに「観光公害（オーバーツーリズム）に悩まされることが少ない」というのはありますが、では本当に山口市には見るべきものがないのでしょうか。

山口市は、室町時代の中国地方の豪族・大内弘世《ひろよ》が京のまち並みに感銘を受け、山口に再現したことで、「西の京」と呼ばれています。ニューヨーク・タイムズ紙では国宝・瑠璃光寺五重塔や、まちなか温泉である湯田温泉、さらに陶芸工房、コーヒーショップ、おでんや鍋料理をカウンターで提供する店など、歴史的建造物から文化・グルメまでが紹介されています。

観光客で混み合う京都ではなく、ゆったりとした環境で日本の歴史と文化に触れることができる。地元の人にとっては日常の風景でも、外の人間、特に海外の人たちから見たらとても魅力的に映っているのです。

自分にとっての当たり前が特別になる瞬間

私が生まれ育った高田郡吉田町（現・安芸高田市）では、毎年、米の収穫期になると神楽がおこなわれていました。地元に古くから伝わる「あきたかた神楽」です。出雲流神楽が石見神楽を経て、江戸時代に伝えられたとされています。

物心ついた頃から行われていた行事だったので、私にとって神楽はあって当たり前のものでした。ところが大学へ進学し、いろんな地方の人間と交流すると、神楽を見たことがない人が大多数を占めていることを知りました。

私が神楽の話をすると、周囲の友人たちは「何それ？」「見たことがない」と興味深そうに反応してきます。私にとって神楽は、お正月やクリスマスと同じように、当たり前の季節の行事。この世の中に神楽を知らない、見たことがない人が多いことに愕然としました。と同時に、少し誇らしい気持ちにもなりました。私の中で「あきたかた神楽」が特別なものへと変わった瞬間でした。

「シビック・プライド」という言葉をご存じでしょうか。「地域への誇りと愛着」を表す言葉で、自分たちの住むまちをより良いものに、そして誇れるものにしていこうという思いを指しています。「郷土愛」と異なるのは、自分自身が当事者であることを自覚し、積極的にまちとかかわっていこうとする「意志」が含まれていることです。

意識して地域と向き合うことで、それまで見落としていたものが見えてくるようになります。いつもは通らない道を歩いてみる。いつもは曲がらない道を曲がってみる。前を通り過ぎるだけだったお店に入ってみる。地元の図書館に行って、地域の歴史を調べてみるのもいいでしょう。私としてはぜひ議会の傍聴にも来て欲しいと思っています。自分が住んでいる地域がどういった問題を抱えて、どうやって解決しようとしているのかがわかると思います。

現在、日本は人口減、少子高齢化という大きな課題を抱えています。そしてその危機は、安芸高田市のような地方の小さな行政区では、直近の問題として目の前に立ちはだかっています。私は安芸高田市を、持続可能なまちに変えたいと本気で考えています。しかし私一人の力では限界があります。市長は市政に対して大きな権限を持ってはいますが、それは住民一人一人の理解・支持の上に成り立つものです。本気でまちを変えたいのであれば、誰かがやってくれるのを待つのではなく、住民一人一人が当事者意識をもつことが何よりも必要なのです。

当事者意識をもつということは、その対象への興味は欠かせません。どれだけ自分が住むまちのことを知っているのか。自分のまちのいいところは何か。足りていないのは何なのか。それを理解するためには、まず自分たちのまちについて知る必要があり、それ以前にまず自分たちのまちに興味をもってほしいと思います。

安芸高田市だからこその魅力を発見していく

せっかくなので広島県安芸高田市を例に、少しお話ししましょう。安芸高田市は、地理的には広島県の中心部に位置し、北は島根県、南は広島市に接しており、面積は537・75平方キロメートル、人口は令和3年度の調査で2万7305人となっています。

もともとは吉田町、八千代町、美土里町、高宮町、甲田町、向原町の6つの町に分かれていたのですが、いわゆる〝平成の大合併〟と呼ばれる、政府主導で行われた市町村合併で、2004年に安芸高田市となりました。

ちなみにこの〝平成の大合併〟は、「行政基盤の強化」「地方分権の推進」が目的とされていましたが、事実上、人口減少・少子高齢化を鑑みての施策でした。そのことは2010年に総務省が発表した「『平成の合併』についての公表」という資料の冒頭で「人口減少・少子高齢化等の社会経済情勢の変化や地方分権の担い手となる基礎自治体にふさわしい行財政基盤の確立を目的として～」と明言されています。つまり、少なくとも20年前には、人口減少・少子高齢化による国力の衰退は認識できていたということになります。しかし20年経った現在も問題はなんら解決には至っておらず、それどころか人口減少・少子高齢化は加速度的に進行しています。

平成の大改革があったから現状で済んでいるのか、それとも意味をなさなかったのか。少なくとも安芸高田市でいえば、2004年の合併時には3万4200人だった人口が、2021年には2万7305人と約20％減、人数にして約6900人も減少しています。現在の状況から鑑みるに、効果的な施策ではなかったと評価せざるを得ません。

しかし市町村合併そのものが悪手だったということではありません。市町村合併せざるを得なかった根本原因に目を瞑り、打つべき手を打ってこなかった、合併後の施策に問題があったというべきでしょう。この問題は安芸高田市に限ったことではありません。詳しくは別章で触れたいと思います。

話を戻しましょう。安芸高田市の主な産業は、北部を中心に畜産・野菜・果樹・花木・酒米等の農業が中心です。中でも営農集団が結成された稲作は、青ねぎやアスパラガス、ブロッコリー、長なす等の、より効率的な生産体制が整いつつあります。また鶏肉とお米は、ふるさと納税の返礼品としても人気が高いようです。これらの農産物は安芸高田市を支える重要な産業基盤となっていますが、全国的に見ればライバルは多く、安芸高田市ならではの生産物とは言い難い状況です。安芸高田市ではコシヒカリの生産もしています。個人的には大変美味しいお米だと自負していますが、残念ながら生産量が圧倒的に多い、新潟県魚沼産のコシヒカリにはブランド力ではかないません。これはどうしようもない事実です。

私は、安芸高田市長に就任した際に、まず住民の皆さんに自分たちのまちに興味を持ってもらえるような働きかけをしたいと考えました。当たり前のようにあるものが、実は外側の人間の目には魅力的に映る。そこに気づいて、「シビック・プライド」として発信していく。これは「関係人口」を増やすことにつながる可能性をも秘めています。

「関係人口」とは、移住した「定住人口」や、観光で訪れた「交流人口」でもない、地域や地域の人々と多様に関わる人々のことです。「関係人口」を増やすことは、地方自治体が生き残っていくために重要な施策です。また別の章で詳しく触れたいと思います。

安芸高田市にしかない魅力。安芸高田市だからこその魅力とは何なのか。導き出した答えが、「あきたかた神楽」「毛利元就」「サンフレッチェ広島」です。

「あきたかた神楽」は、多くの神話の舞台となっている出雲地方で生まれた神楽が、石見地方を経て安芸高田へと伝わった伝統芸能です。安芸高田では戦後独特の発展を遂げた神楽として知られています。

「毛利元就」は、高い人間性が後世に語り継がれる戦国武将です。1本ずつなら折れてしまう矢も、3本まとまれば折れないという、団結することの大切さを説いた「三本の矢」の逸話が有名です。

「サンフレッチェ広島」は、Jリーグ発足時から参入しているプロサッカーチームです。安芸高田市と隣接する広島市をホームタウンとしており、Jリーグでの年間優勝3回を誇る名門クラブです。

ここからはこの3つのコンテンツと、安芸高田市との関係について説明しましょう。

エンタメとしての「あきたかた神楽」がもつ可能性

「安芸高田の神楽」は、「出雲流神楽」を源流とし、江戸時代にこの地に入ってきたとされています。日本全国で行われている神楽とは、少し異なった発展をしてきており、安芸高田市特有の郷土伝統芸能となっています。

「神楽」とは、文字通り「神様を楽しませる」ことを目的とした神事です。その起源は「天岩戸伝説」にあるとも言われています。岩戸の中に籠ってしまわれた天照大神《あまてらすおおみかみ》に出てきていただくために、天鈿女命《あめのうずめのみこと》が岩戸の前で舞をするというものです。昔の人は人間の力ではコントロールできない大自然の働きを神様が司っていると考え、神様に歌舞を奉納することで五穀豊穣などを祈っていました。

こうした神様に奉納する「神楽」は、現在でも民俗芸能として全国各地で受け継がれており、その形も様々です。例えば獅子舞も神楽の一種であり、また大ヒットしたアニメ映画『君の名は。』の作中で、主人公の三葉が巫女の姿で舞うシーンがありますが、あれも神楽の一つです。

安芸高田の神楽は芸北神楽と呼ばれ、出雲流神楽が、石見神楽を経て江戸時代に伝えられ、さらに中国山地一帯に古くから伝わる農民信仰などの影響を受けて、現在の形態になったとされています。

代表的な演目は、平安時代の武将・平維茂《たいらのこれもち》が、紅葉狩の宴を催す美女に化けた鬼女を退治する『紅葉狩』や、日本神話の『八岐大蛇』、神楽の起源となったとされる『天岩戸』などです。

安芸高田の神楽が他地域の神楽と異なるのは、〝演劇性〟が強いという点です。口上を述べ、歌を歌い、奏楽に合わせて舞い踊る、まるでミュージカルのようなのびのびした伝統芸能として発展してきました。

これには理由があります。1945年に日本が戦争に負け、GHQによる統制が始まった頃のことです。天皇を頂点とした日本の皇国史観に危機感を覚えたGHQが、日本政府に対して「国家神道、神社神道ニ対スル政府ノ保証、支援、保全、監督並ニ弘布ノ廃止ニ関スル件」という覚書を発しました。公的機関による神社への支援を禁止するもので、神事である神楽も検閲の対象となってしまったのです。

そこで神楽を残したいと考えた高田郡美土里町（現・安芸高田市美土里町）の佐々木順三という人物が、儀式的要素を外した「新舞」と呼ばれるスタイルを生み出しました。「口上を述べ、歌を歌い、奏楽に合わせて舞い踊る、まるでミュージカルのような」神楽です。

佐々木氏は「これは儀式ではなく舞踊である」と強く主張し、神楽を守り抜いたのです。これが現在に伝わるあきたかた神楽の始まりで、現在では市内に22の神楽団が存在し、互いに切磋琢磨しながらその技を磨いています。

儀式色を排したことで、格段に面白いエンターテインメントとして生まれ変わったあきたかた神楽。私は高校卒業まで高田郡吉田町（現・安芸高田市吉田町）で育ちましたが、毎年のように秋の神楽シーズンを楽しみにしていました。古典的な口上が理解できないこともありましたが、勧善懲悪でスピード感あるストーリーは魅力的であったし、派手な立ち回りも楽しかった。ドキドキワクワクしながら、舞台に引き込まれていました。

現在では、あきたかた神楽は市内の祭りやイベント、神楽門前湯治村での定期公演のほか、東京都や兵庫県、大阪府などの大都市圏での公演も実現してきました。どこの会場もありがたいことに満員御礼となり、多くの地方自治体からも公演依頼のお声がけをいただけるようになってきました。

人心掌握に優れたリーダー「毛利元就」

毛利元就（１４９７―１５７１）は、安芸高田市出身の人物で、最も全国的な知名度の高い人物です。１９９７年には大河ドラマとして取り上げられ、元就役を三代目・中村橋之助（現・中村芝翫）さん、少年時代を、当時アイドルグループＶ６で活動をされていた森田剛さんが演じたことで大きな話題となりました。しかし元就の名前を広く知らしめたのは、「三本の矢」の逸話でしょう。

自分の死期を悟った元就が３人の息子、毛利隆元、吉川元春、小早川隆景を枕元に呼び出します。そして矢を１本ずつ渡し、次のように諭しました。

「矢は1本では簡単に折れてしまう。2本でも然り。しかし3本まとまると簡単には折れない。お前たち3人が力を合わせれば家が滅びることはない」

「団結することの大切さ」を説いた逸話として有名で、道徳の授業などで習った人も多いのではないでしょうか。かつて自分が家督を相続した直後に、異母弟の相合元綱に謀反を起こされ、骨肉の争いをした苦い経験から生まれたエピソードと言われています。

このように毛利元就の名前は広く知られるようになりましたが、安芸高田市との関係を知る人は少ないのではないでしょうか。

毛利元就は安芸吉田荘、小さな国人領主から現在の中国地方を支配するまでにのし上がりました。厳しい戦国の戦いを、用意周到かつ大胆な作戦と行動力を持って切り抜けてきた知将でした。その本拠地となったのが、安芸高田市の吉田町にあった郡山城です。元就の死後、孫の輝元の代に毛利の本拠は広島城に移されましたが、元就自身は最期まで郡山城を離れることはありませんでした。

毛利氏が台頭するまでの中国地方は、日本海側の山陰方面を支配する尼子氏と、瀬戸内海側の山陽方面を支配する大内氏が勢力を競い合っていました。

最初は尼子氏側だった毛利氏でしたが、尼子氏が毛利氏の家督問題に介入したことから信頼関係が崩れ、大内氏側へと鞍替えします。それに怒った尼子氏が3万の大軍を出兵させ、元就の居城・郡山城を取り囲みました。これが1540年9月に始まった「郡山合戦」と呼ばれる戦で、元就の名を広く知らしめるきっかけとなりました。

敵軍3万に対して圧倒的な数的不利を覆し、毛利軍は勝利を収めます。この時、元就が取った作戦が籠城でした。思いのほか毛利軍が徹底抗戦を示したことで尼子軍は慎重にならざるを得ませんでした。毛利軍はその虚を突き、ゲリラ戦を仕掛け、長期戦に持ち込むことに成功します。

実は事前に尼子氏側の動きを察知した元就は、大内氏に援軍を要請していました。戦が長引き、季節が冬へと移行するにつれ、寒さに打ち震える尼子軍の戦意はみるみる低下していきます。そこへ尼子軍の後方から大内軍が到着し、挟み撃ちする形で戦局を逆転、勝利を収めたのです。

私が通っていた小学校のすぐ裏には、「郡山合戦」の舞台にもなった郡山城跡があります。毛利元就を身近に感じていた私にとって、彼は英雄的な存在でした。ところが中学生になって日本史の勉強をしていても一向に元就の名前が出てくる気配がありません。なぜなら孫の毛利輝元は、関ケ原の戦いで西軍の総大将として敗北を喫しており、歴史的には毛利家は敗者という扱いになっているからです。歴史の表舞台に名を残すのは基本的に勝者ですから、敗者である毛利家の名前は歴史の教科書に登場しないのです。これにはいささかショックを受けました。

先ほど「三本の矢」の話をしましたが、元就には「百万一心」というエピソードもあります。「三本の矢」ほどは知られてはいませんが、元就の人物像を理解するのにふさわしい逸話であり、2024年に市制20周年を迎えた安芸高田市のキャッチフレーズにも採用された言葉でもあります。簡単に紹介しておきます。

元就が幼名・松寿丸を名乗っていた12歳の頃、厳島神社を参拝した際に、泣きじゃくる少女と出会います。話を聞くと、母親と巡礼の旅をしていたところ、ある城の築城のために母親が人柱に選ばれてしまったといいます。当時は大規模な工事を無事に終わらせるために、神様に生贄をささげる風習があったのです。不憫に思った元就は、少女を連れ帰ることにします。それから十数年が経ち、元就は郡山城主となっていました。ある時、郡山城の普請（改修）の話が立ち上がり、その人柱として、かつて元就が連れ帰った少女が選ばれてしまいます。少女は元就への恩義から、喜んで人柱となる決意をしますが、元就はそれを断じて許しませんでした。そして「百万一心」という文字を掘った石を人柱の代わりにするよう命じたのです。その通りにすると、普請は無事に終わったのでした。

この時、元就が書いた「百万一心」は、縦書きで「一日、一力、一心」と読めるように書かれていました。「百万人の心を一つにする」という意味と、「日を一つにして、力を一つにして、心を一つにする」ことでなんでも叶うという2つの意味を持ちます。「三本の矢」と同様、一致団結することの大切を説いた逸話として、安芸高田市に語り継がれています。

実は「三本の矢」も「百万一心」も、史実としての真実性はありません。少なくとも隆元は、父・元就より先に亡くなっているし、「百万一心」の石碑の所在もあきらかになっていません。おそらくは、より印象に残るように、後世に脚色されたものでしょう。しかしだからといって、これらの逸話が伝える「団結することの大切さ」の価値が失われるわけではありません。これを理由に、「三本の矢」「百万一心」が示唆する教えを否定する人はいないでしょう。むしろ存続の危機にある地方行政に関わる一人として、心を一つにして課題に向き合おうと、民衆に語り掛けた元就のおこないは、心に染み入るばかりです。

これらのエピソードからもわかるように、元就は知略に優れた武将であったと同時に、仲間や団結を大切にする人間でした。自分の領地と、そこに住まう人たちを守り抜こうとする姿勢と、農民・町民を一致団結させた姿は、優秀な為政者として映ります。たとえ後世に脚色されたとしても、人としても為政者としても、学ぶべきことが多い人物であることは疑いようありません。毛利元就が歴史好き、武将マニアの人たちから人気を得る理由がわかる気がします。

２０２３年は、元就が郡山城に入城して５００年の節目で、１年間にわたって様々なイベント、行事をおこないました。１月には毛利氏や安芸高田市の歴史についてより深く知ることができるよう、歴史民俗博物館の常設展示をリニューアル。２月にはガイドツアー、３月は著名人を招いて、郡山城の魅力を伝えるトークライブ、そして９月には２日間にわたって「毛利元就フェス」を開催し、安芸高田市と毛利元就との密接さを内外にアピールできました。

入城500年という節目は終わりましたが、〝毛利元就といえば安芸高田〟と言ってもらえるような活動は、引き続き行われていくでしょう。

Ｊ１リーグ、サンフレッチェ広島の足元を支える安芸高田市

この毛利元就と関連して、全国的に有名なのがＪリーグ1部のサッカーチーム「サンフレッチェ広島」です。元就と関連するのはチーム名そのものです。サンフレッチェは、日本語の「三」とイタリア語の「フレッチェ（矢）」を合わせた造語で「三本の矢」を意味しています。チームのエンブレムを見ると、中央に三本の矢が描かれていることがわかります。

サンフレッチェ広島と安芸高田市のつながりはもう一つあります。サンフレッチェ広島の練習拠点とユースアカデミーが安芸高田市にあることです。練習場にはトップチームの選手たちが練習のため頻繁に訪れています。現役のトッププレイヤーの練習を間近に見ることができるのは、サッカーファンなら垂涎モノではないでしょうか。

そしてユースアカデミーの存在。ユースアカデミーとは、高校生による選手育成チームで、在籍する選手たちは施設内の寮で生活を送ります。昼は市内の高校に通い、夕方からはプロサッカー選手になるための練習を行っているのです。

現在、サンフレッチェ広島には16人のユースアカデミー出身の選手が在籍しています（2024年5月現在）。先発レギュラー11人のうち半分以上がユース出身者ということも珍しくありません。これってすごいと思いませんか？　プロ野球もＪリーグも、地元出身の有力選手の獲得には力を入れていますが、ここまで純度の高いものは珍しいのではないでしょうか。例えば広島東洋カープのスタメンが全員、広島県内の高校出身者だとしたら、地元民なら野球ファンでなくても応援し甲斐があると思いませんか？

もちろんサンフレッチェ以外のプロチームで活躍する、ユースアカデミー出身者もたくさんいます。日本代表監督として活躍する森安一監督も、現役選手として、引退後はコーチとして、監督としてサンフレッチェ広島と深く関わってきています。

近い将来、多くのＪリーガーが安芸高田市を第2の故郷と感じてくれたなら、こんなにうれしいことはありません。

サンフレッチェ広島は2021年、2022年と2年連続でＪ1リーグ3位。本稿を書いている2004年6月上旬現在は、5位につけており、15年以来のＪ1リーグ優勝を狙える位置にいます。サンフレッチェ広島が強くなるほど、安芸高田市の名前も広まり、関係人口を増やしていくことにつながっていくと期待しています。

このように地域には、普段は意識せずに触れているものの中に、自分たちでは気づきにくい、価値のある文化や風習、いわゆる文化資産があるものです。安芸高田市の場合はそれが「あきたかた神楽」「毛利元就」「サンフレッチェ広島」であり、安芸高田市を全国に発信していくための「三本の矢」であると考えています。

この3つのコンテンツは安芸高田市民なら誰もが知っています。ただそれが全国に発信するに足るコンテンツであると、どこまで認識できているのか。これらを認識することから「シビック・プライド」が生まれていくのだと思います。一人一人が、自分が生まれ育ったまちのことを深く知る。それがまちを改革していく第一歩となるのです。

あなたのまちにも、必ず全国に発信するに足るコンテンツがあるはずです。ぜひ探してみてください。

第二章 真実のまちづくり

地方自治体によるまちづくりの正しい形とは、一体どのようなものでしょうか。真実のまちづくりとは、どのようなものなのでしょうか。

第一章では、自分たちが住むまちの魅力に気付くことが、まちを改革するための第一歩だとお話しました。では次にすべきことは何なのか。それは、住民の皆さんに現在のまちの状態を知ってもらうことです。

理由は大きく2つあります。一つは、一人でも多くの住民の皆さんに、今このまちが抱えている問題を、自分事としてとらえてほしいということです。

2023年に、とある地方自治体が「財政非常事態宣言」を発しました。このままでは7年後に財政破綻してしまう。人口約1万5000人の小さな町です。財政改革にあたって町長は、町民の理解と協力が必要と訴えました。しかし最初に帰ってきた声は「責任の所在はどこにあるのか」「こんなことになるまでなぜ放っておいたのか」「謝罪してほしい」といったものでした。私は愕然としました。「自分が住むまちが破綻寸前というこの期に及んで、まだ他人事なのか」と。そのまちに住んでいる以上、住民は無関係ではいられません。誰かのせいにはできないはずです。というより、誰も何ともしてくれません。

私は市長である限り、安芸高田市のためにできうることは何でもしたいと思っていましたが、住民の皆さんが他人事としてしかとらえられないようなら、まちの再生は不可能だったでしょう。

人口約1万5000人の小さな町の出来事は、私にとって身につまされるニュースとなりました。

二つ目は、住民の皆さんが政治に注目することで、議会が正常に機能するようになると考えるからです。

私が市長に就任したばかりのころの、ある議会でした。一般質問への答弁中に、突然いびきが聞こえてきました。しかも優に30分以上もの間です。議会の緊張感のなさを指摘した私のツイッター（現・X）が話題になったので、ご存じの方も多いかもしれません。

議会中は質疑・答弁以外の余計な発言は基本的に許されていません。本来であれば議会を進行する立場の議長もしくは委員長が、注意するか暫時休憩とすべき所ですが、その様子もありません。私は「眠くならないような答弁にしなければいけませんね」と言うのが精一杯でした。

議会中にいびきをかいて居眠りをする。それを咎めるものもいない。それどころか当時の議長は「居眠りはするよ。国会でも県議会でも（中略）いびきかいて寝とる人はなんぼでおる」と擁護発言をし、のちに釈明・訂正・謝罪に追い込まれました。

このまちが抱える問題を他人事としてしかとらえられず、見て見ぬふりをするのは、議会も同じだったのです。緊張感のなさに呆れかえったものです。

行政が抱える問題を見て見ぬふりをしてきた責任は住民にもある

私が市長に就任した時点で、安芸高田市は5期連続で赤字を出し続けている状態でした。しかし当時の市長や議会を含めて、誰もそれを問題にせず、放置されていたのです。言うまでもなく、市の財源のほとんどは税金でまかなわれています。お金が何にどう使われているのか。なぜ赤字になってしまうのか。どうすれば赤字が減らせるのか。せめて地元メディアくらいは問題視して取り上げてくれても良さそうなのに、それすらありませんでした。これは私の個人的な感想ですが、どうも日本人は問題があっても気付かないふりをしたがる傾向にあるように感じます。

残念ながら安芸高田市の住民もそうだったと言わざるをえません。おそらく財政が赤字であることは、何かしらの形で住民にもアナウンスはされていたはずです。

若い人たちがまちを出て行き、かつて賑やかだった商店街がシャッター通り化していく。そんな様を見ながら、うすうす「やばい」と心の片隅で感じたとしても、その不安に蓋をして気付かないふりをしていたのではないでしょうか。安芸高田市の現状は、住民が現実から目をそらし続けた結果なのです。

しかしもっと重い責任が問われなければならない者たちがいます。行政の執行部や議会、そしてメディアです。これらの機関が、窮状を問題提起しない状況では、住民も「そこまで大変な問題ではないだろう」と、思い込みたがるのも無理からぬ話だからです。

政治家やメディアは理想論を掲げます。それ自体は悪くありません。しかし厳しい現実を見ようとせずに語る理想論では意味がありません。現在進行形で衰退しているまちの住民に求められるのは「覚悟」と「危機感」です。

「住民のために、地域のために」という、耳障りのいい言葉は、自己保身を図る政治家のポジショントークでしかありません。

市長や議会議員を選ぶ住民の皆さんは、ここを見間違えてはいけません。改革には痛みを伴います。目の前の痛みを先送りすることは、自分たちの子孫にツケを払わせることと同じです。「大変だけれども、覚悟をもって一緒に前に進みましょう」と訴えるのが真の為政者ではないでしょうか。

政治家の自己保身が、政治を住民から遠ざける

よく「政治的無関心」という言葉が使われますが、実はその根底には「政治不信」があるように思います。

私は行政に関わる以前から、日本人の政治不信を、大きな問題だととらえていました。NHKが毎月実施している世論調査では、2024年4月の内閣支持率は23％でした。支持する理由は「他の内閣より良さそうだから」が46％と、けっして前向きなものではありません。同調査での各政党の支持率は、与党である自民党の28・4％が最高で、2位の立憲民主党にいたっては、わずか6・5％に過ぎません。現在の日本人の政治不信、あきらめのようなものを見事に表した数字と言っていいでしょう。

2023年末に発覚した、自民党派閥の政治資金パーティの裏金問題も然りです。テレビをつければ、苦しい言い訳にしどろもどろになる政治家の姿が連日報道され、政治資金規制法の改正議論では、どうにかして抜け穴を残そうという政治家たちの必死さが透けて見えてきました。本来、国民のために身を粉にして働かなければいけな

い政治家が、自己保身と私利私欲に走っている。これでは信用しろと言っても無理があります。

そもそも私が安芸高田市の市長なろうと思ったのも、大規模な公職選挙法違反により、当時の市長が辞職したためです。

誰か一人くらい、誠実に政治と向き合う人はいないのか。なぜ誰もやらないのか。おそらく何かしらの理由はあるのだろうと思います。ひょっとしたら政党や派閥の意向など、本人の信条とは別の、抗いがたい理由があるのかもしれません。幸い私には組織的なしがらみはありません。そこに私の存在意義があるのだと思います。

真のまちづくりは、正しい政治から生まれる

私が市長に就任して、真っ先に掲げたのが安芸高田市を「世界で一番住みたいと思えるまち」にすることでした。そのために「政治再建」「都市開発」「産業創出」の3つを政策の柱としましたが、もっとも早く結果を出せるのが「政治再建」です。

地方自治体では首長（知事や市長など）と議会議員の両方を、住民による直接選挙で選びます。どちらも住民の代表なので「二元代表制」と呼ばれています。

市長と市議会議員では役割が異なります。市長は市政を執行する側にあり、議会にその方針や重要事項を提案する立場です。一方の市議会議員は、住民の代表として住民の声を拾い集め、提案された議案について審議し決定する立場です。クルマに例えるなら、アクセルとブレーキです。スピードを出し過ぎないように、または信号無視をしないように、適切にブレーキをかける。つまり議会は市長が暴走しないよう、監視する立場にあるのです。

議会は言うまでもなく議論の場です。市議会においては、市長と執行部、そして住

民に選ばれた議員が一堂に会し、首長が提出した議案に対し、不明点を質問したり、意見を述べたりし、多数決で可否の決定をおこないます。しかし日本の多くの議会が、正常に機能しているのか、疑わしい面があります。

日本には古来「和を以て貴しとなす」という考え方があります。聖徳太子が十七条憲法の冒頭に掲げたことで知られていますが、もともとは論語から来ているそうです。「互いを尊重し、和を大切にしましょう」という意味ですが、日本では、やや違ったニュアンスを含んでいるようです。

日本社会は「調和を乱すこと」を極端に嫌う傾向にあります。ある意見に違和感を持ったとしても、他の人たちに異論がなければ、自分の意見を引っ込めてしまう、ということがしばしば見受けられます。また議会が開催される前に、関係者に根回しをすることが慣習化しています。事前に合意をとっておき、議会は最終的な承認を得るだけの場となってしまっているのです。

私は、議論は生産的、建設的でなければいけないと考えています。相手が気に入らないからとか、根回しがなかったから反対するというものではありません。議会では案件の一つ一つに対して、是か非かを論理的に話し合っていかなければいけません。それが住民のためになるのか、ならないとしたらどういった部分なのか。どうしたらできるのか。誰かと協力しながらより良い解をみつけるためにおこなうのが議論です。

市議会議員には、住民の代表として執行部に質問をする権利が与えられています。しかし驚くことに、まったく質問をしない議員が少なからずいるようです。とある町議会では、4年間の任期中、本会議の一般質問をしたことが1回以下という現職議員が半数以上、ゼロだった議員は4人もいたそうです。自分の意見を表明せず、ただ議場に座っているだけなら議員バッジを外すことをおすすめします。

また、議会において根回しは不要です。もっと言えば「悪」とさえ思っています。私はまちを良くするための議論は大歓迎です。議論はケンカではありませんが、市長と議員が、互いに対立関係にあることは確かです。だから議場が緊張感に包まれるのは当然のことなのです。両者の関係をアクセルとブレーキに例えましたが、なぜアクセルを踏むのか、なぜブレーキをかける必要があるのか。個々の議案について、しっかり議論することが肝要です。それこそが議会のあるべき真の姿です。

「開かれた議会」が緊張感のある、真の議会をつくり出す

議会の目指すべき姿として「開かれた議会」という言葉があります。国民に議会の内容を正しく伝えることで、代表的なものに国会中継があります。その歴史は70年以上にわたり、1952年にNHKラジオで初めて放送され、翌年、テレビの本放送開始に合わせて、テレビ中継もスタートしています。

現在では地方自治体においても、議会中継は当たり前のようになってきています。市町村単位の議会をテレビで中継するのは難しいにしても、低予算で制作できるYouTube配信は、十分可能です。安芸高田市を含む広島県内の全14市は、何かしらの形で議会中継を視聴することができます。安芸高田市でもYouTubeによる議会中継を実施しています。

ここで気になるのは一体どれくらいの人が興味を持って視聴しているのかということです。議会中継をするからには、多くの人に見てもらいたいと考えるのは当然です。

私は市長就任前からソーシャルメディアの活用方法を意識していましたが、あの「い

びき事件」以降、その思いはさらに深まりました。「デジタルタトゥー」という言葉があるように、ソーシャルメディアで発信した画像、テキストは、後世まで残り続ける可能性が非常に高いです。うまく使えば大きな武器となりますが、一つ間違えると両刃の剣となって自分に襲いかかってきます。だからこそ議会での発言には、細心の注意を払う必要があります。

2022年6月の議会で、私は議員定数半減の条例改正案を提出しました。議会からは「議会軽視」との批判を受け否決されましたが、この時の答弁で私が発した「**恥を知れ！恥を**」という言葉が、大いに世間の注目を集めました。その言葉はネットで瞬く間に拡散され、ニュースの見出しとなり、切り抜き動画が溢れかえりました。さらには全国ネットのテレビでも扱われ、安芸高田市は一気に注目を集めることとなったのです。

SNSを効果的に使って「政治のエンタメ化」を狙う

実はこの「**恥を知れ！恥を！**」は、意図的に発言したものです。そこだけを切り取れば、確かにヒステリックに叫んでいるように聞こえるでしょう。しかし前後の発言を合わせて見ていただければ、私が感情的に発言しているのではないことがわかっていただけるはずです。

「議会軽視」との批判に対する私の実際の発言は次の通りです。

「居眠りをする、一般質問しない、説明責任を果たさない。これこそ議会軽視の最たる例です。**恥を知れ！恥を！**……という声が上がっても、おかしくないと思います。どうか恥だと思ってください」

「居眠りをする」から「恥を知れ」までは、徐々にトーンが上がっていくように意識しました。「…」の部分は、あえて間を置いています。これは動画編集の際、切り取りしやすくするためです。そして「という声が」からは落ち着いたトーンで話すようにしています。いかがでしょう。前後をつなぎ合わせてみれば、決して感情的に発言しているのではないことがわかると思います。

強い口調の「恥を知れ！」は、ニュースの見出しになりやすいし、必ずや世間の耳目を集めると確信していました。なぜこのような発言を、あえてしたのか。それは世間の皆さんに、安芸高田市に注目してもらいたかったからです。

私は、これからの政治は〝エンタメ化〟が必要であると考えています。きっかけはどんなことでもかまいません。安芸高田市の場合は、市長である私と議会との対立構造が、切り抜き動画などで、面白おかしく取り沙汰されます。〝政治のエンタメ化〟なんて不謹慎だという声も聞こえてきそうですが、「市長と議会のバトルが面白そうだから」という理由でも、興味を持ってもらえるなら、無関心でいられるよりよほどいいと思っています。

多くの人が見ているという事実があれば、議会に緊張感も生まれてきます。私は議会において根回しはしませんので、議員の方たちは自身の目と耳と足で得た情報をもって議論に臨まなければいけません。しかもその一部始終はネットで中継されています。「議員だより」のように、後から自分たちに都合の良いように編集できるものではありません。

安芸高田市議会では、YouTubeでの議会中継があることを理由に、予定されていた一般質問を当日になって取り下げた議員が現れました。第三者に自分の質疑が切り貼りされ、悪意を持って配信されるというのが拒否の理由だそうです。

確かにネットによる誹謗中傷は許されるものではありません。しかしそれと一般質問をしないことは別の次元の話です。誹謗中傷とは断固として戦うべきですが、一般質問を拒否する理由にはなりません。自身の発言に責任をもつ覚悟は、議員として必須の条件だと思います。

ちなみに安芸高田市のソーシャルメディア展開は、市の公式YouTubeを活用しています。「広島県安芸高田市公式チャンネル」がそれに当たります。定例の記者会見や市政情報だけでなく、市内外を問わず多くの方たちとコミュニケーションを図る場として「あきたかたMeet-upオンライン」という、ライブ配信を、週1回ペースでおこなっています。現在の登録者数は26・7万人（2024年5月現在）。これは東京都や神戸市を抜き去り、全国の自治体で最多となっています。市の人口の約10

倍もの人が安芸高田市に興味を持ってくださっています。住民の方には「自分たちのまちで何か起こっている」、それ以外の方には「何か面白そうな地方自治体がある」、そう思ってもらえたら成功です。果たして狙いは奏功し、安芸高田市は全国から注目を集めるようになりました。

さて、いろいろとありましたが、最初に掲げた安芸高田市の「政治再建」は、ほぼ達成できたと評価しています。一番の収穫は、住民が市政に興味を持ち始めてくれたことでしょうか。多くの住民が、現在の安芸高田市が抱える課題に気付き始めています。

首長と議会議員を直接選挙で選出する地方自治は、究極の民主主義の形です。政治がおこなって得られた結果は、良くも悪くも住民が選択した結果ということになります。住民である限り、無関係ではいられません。安芸高田市が抱える危機感を共有した有権者が、今後の市長選挙、議会議員選挙でどのような決断をするのか。私が市長に就任してから、判断材料は提示してきたつもりです。

すでに私は、東京都知事選挙に出馬するため市長を退任しており、安芸高田市長選挙には出馬しません。これまでとは距離感は変わりますが、私のふるさとである安芸高田市への愛情は変わりません。今後どのようなまちづくりを展開していくのか、安芸高田市を応援する一人として楽しみにしています。

第三章

新しい時代のまちづくり

安芸高田市は、2004年の平成の大合併により、6つの町が統合して誕生しました。市町村が合併するメリットはいくつかあります。

一、人員や施設を削減し、費用を減らせる
二、旧市町村界を超えた公共施設の利用やサービスが可能になり、暮らしがより便利になる
三、少子高齢化や環境問題などに、広い地域で一体的に取り組める
四、地方議会の議員や職員の数を減らすことができ、人件費を削減できる

一〜三までが示しているのは、すべて行政の効率化につながっているということ。市町村の合併により、行政の重複や無駄を削減し、効率的な行政体制を整えることができるわけです。これにより、予算や人材の有効活用が可能となります。

例えば各町に1つずつ、計6つあった図書館を3つに統合する。町民にしてみれば、今まで徒歩圏内だったのに、バスを使っていく距離になる。そんな不平不満はきっと

あるでしょう。しかしデメリットばかりではありません。統合したことによって蔵書が大幅に増えたり、運営費が大幅に削減できたことで最新の設備を導入できるかもしれません。

安芸高田市は、合併時に旧町の公共施設をほぼそのまま引き継ぎました。加えて新しく市となったことで、新市建設計画に基づき新たな公共施設も整備されたことで、市の公共施設の総延床面積は、27・2万㎡となりました。住民1人あたり8・53㎡となる計算で、これは、全国平均の3・42㎡の約2・5倍に相当します。行政の効率化とは反対の方向に向かっているのです。人口が減少していく中で、とてもではありませんが、すべての公共施設を維持していくことは不可能です。

2014年、市となってちょうど10年目に、公共施設に対する今後の方針が発表されました。それは「公共施設を20年間で30％削減する」というものでした。しかし、私が市長に就任した時点で、削減できていたのはわずか4％に過ぎず、目標達成には、ほど遠い状況でした。

安芸高田市の2021年度財政説明会で、私は「20年後の危機」というテーマで話をしました。まず人口推移では、２０２０年で２万６４４８人だったものが、２０４０年には2万８６７人にまで減少すると推計されています。さらに２０４０年の年代別の人口割合は、65歳以上が９３６１人、15～64歳が９３３２人と、高齢者人口と生産年齢人口が逆転するとされています。市の収入の大部分を占めるのは、国から支給される地方交付税ですが、これは人口と連動しています。２０２０年に年間83億円だったものが、20年後には60億円にまで削減される計算になります。

一方で道路や公共施設などのインフラ更新費用は、平均して年間41億円かかると試算されています。２０１４年に発表した「公共施設を20年間で30％削減する」という目標が、待ったなしであることはご理解いただけると思います。そこで市として、公共施設の更新費用を抑制するための再検討をおこない、新たな施設の廃止スケジュールを示しました。

未来の住民のための決断は、今しかできない

「2034年度までに公共施設の37％を削減する」。それが私が具体的に示した、公共施設の新しい廃止スケジュールです。この削減目標を達成できれば、公共施設の更新費用は年平均約30億円から3分の1の10億円に抑制できるようになります。さらに維持管理費は12億円から約7億円、4割減となる見込みです。

将来世代に負担を先送りしないためにも、公共施設の適正化は急務です。しかし、なかなかそううまくいかないのが現実です。

2023年、吉田町中心部の市吉田老人福祉センターを廃止する条例案が賛成少数で否決されました。市側としては廃止理由として、財政面だけでなく、施設の老朽化による危険度が上がっていることを指摘していました。市吉田老人福祉センターは築40年を迎えており、外壁に崩落が見られていました。また近隣には市民文化センターや吉田人権福祉センターなど、代替となる施設も複数存在しています。

関係者への説明会は2度行っており、関係者の理解は得られたと認識しています。

それでも議会では否決されてしまいました。理由は「利用者への説明不足」というものです。執行部としては必要な手順を経ているという認識のため、漠然とした反対意見に対応のしようもありません。何をして説明責任を果たしたとするのか。利用者全員の賛同を得ることは不可能です。廃止理由の本質ではなく、〝やり方〟に異を唱え否決することが、本当に住民のためになるのでしょうか。もちろん〝やり方〟も手順に沿ったもので、決して強引なものではありません。

老朽化に伴う安全性の観点から、施設の利用は停止せざるをえません。議案が否決されたことで、市吉田老人福祉センターは廃止ではなく、〝放置〟される事態となりました。単に危険な建物が放置されるという結果に、反対した議員たちはどのような責任を取ってくれるのでしょうか。

この一例から、公共施設の廃止計画が、遅々として進まなかった理由が浮き彫りになりました。市の財政改革、都市計画では、当面のすべきことは明確です。それは公共施設の統廃合です。わかっていながら、なぜ進められなかったのか。

反対した議員の方々は、本当に住民のことを思ってのことであれば、論点を整理して執行部を説得してほしいと思います。住民の前でいい顔をしたい、利権関係者への忖度、私への反感などであれば、今すぐ意識を変えてほしいと思います。

今の時代の行政改革にスピード感は欠かせません。なぜなら日本を襲う人口減少の波は、加速度的に速くなっているからです。しかもその波は、安芸高田市のような小さな自治体から始まっています。

住民全員の理解を得るというのは、批判覚悟で言えば「のんきな理想論」です。現実はそんなに甘くありません。ある一定数の人が不利益を被るとしても、全体最適（＝市が生き残る）を優先して、どこかで区切りをつけて進めていかなければいけません。もちろん不利益を被ってしまう人には、個別に対応していく必要はありますが、それを含めて政治家の仕事です。

「コンパクトシティ」公共施設の廃止・統廃合の先にあるもの

安芸高田市への移住者を増やす。理想ではありますが、日本全体が加速度的な人口減・少子高齢化を辿る今、残念ながらそれは夢物語です。しかし生活圏内に必要なものが何でもそろう商業地区があり、病院があり、学校があり、図書館があり、自然豊かな公園があり、いつでも使える体育館がある。それらを結ぶインフラも整備されている。そんなまちづくりを実現する方法が、実はあります。

「コンパクトシティ」という言葉を聞いたことがあるでしょうか。住居・交通・公共サービス・商業施設などの生活機能をコンパクトに集約し、効率化した都市のことをいいます。人口減少、高齢化が進む日本では、地方自治体が生き残るために重要なキーワードとなっています。

端的に言うと、人口密度を上げるという考え方です。これは、安芸高田市全体の人口を増やすという意味ではありません。国全体が人口減となっている現状で、安芸高田市だけが人口増となるというのは、かなり難しいかと思います。もしできるとしたら、他市町村から人口のパイを奪い取るしかありません。

ここで言う「人口密度」というのは、居住エリアの人口密度上げるという意味です。現在、安芸高田市の人口密度は1キロ㎡あたり50人程度です。これが全国で最も多い東京都豊島区なら2万人以上いるわけです。これだけ人口密度が高ければ、効率の良い行政サービスがおこなえます。

安芸高田市では現在50人でもギリギリですが、これから人口減少が進んで半分の25人になったら、単純に行政コストが2倍かかるようになります。一例を挙げるなら、上下水道の料金が倍になります。市が運営する施設やサービスの利用料、手数料も高騰します。一方でコンビニなどは、利用者の絶対数が減る分、採算が悪くなるので撤退を始めます。どんどん住みづらいまちになってしまい、さらに人口は減るという負のスパイラルに陥ってしまいます。この問題は安芸高田市に限らず、全国の地方自治体が抱えている問題で、放っておいたら間違いなくまちは破綻します。

しかし、まちの中心を定めて、そこに人が集まって暮らすことで人口密度を高められたら、安芸高田市でも東京に近い便利さを実現できます。極端な話にはなりますが、

1キロ㎡あたり1万人の人口密度を実現するのは、理論上は可能なのです。人が集まれば企業も出店しやすくなります。安芸高田にスタバができるかもしれないし、ライザップも進出するかもしれません。

実はそれを実現しているのが、現在のアメリカです。アメリカ合衆国の面積は日本の約26倍と言われています。しかし人口は約3倍でしかありません。それでもアメリカが地方都市を抱えながらも国家として成り立っているのは、各州の中に中心地があり、そこに人が集まって住んでいるからです。アメリカのロードムービーで、何もない一本道を一晩かけてひたすら車で走るシーンがありますが、あれは人が一部のエリアに集中して住んでいるからです。実はアメリカ合衆国は人が住んでいないエリアの方が圧倒的に多いのです。

日本は幸いにも国土は狭く、また四季を通じてほとんどのエリアが住みやすいので、田舎の方にまで人口が散らばっています。日本の多くの地方自治体が、この先も維持していくためには、どれだけ早く人口密度を高めるための政策がとれるかといっても過言ではありません。

例えば安芸高田市なら、山の端の谷間にまで広がっている居住エリアから削減していくことを始めなくてはなりません。

安芸高田市の場合は、6つの町が合併していますが、位置的に現在の市役所がある吉田町が中心にあり、それを囲むように5つの町が存在しています。各町の旧役場は現在、市の支所となっていて、周辺には病院やJA、スーパーなどがあります。このエリアをサブ拠点とし、各町の住民に集住してもらえれば、日常生活の利便性は格段に向上するはずです。人口密度が千人単位になっていけば、まちとしてさらに発展するかもしれません。

また都市機能のコンパクト化に合わせた交通体系の構築が必要となります。具体的には各拠点同士、また安芸高田市のメインエリアとなる吉田町とを結ぶ交通網です。理想は自動運転バスですが、導入までに時間がかかりそうなので、現実的なのはライドシェアを含む、予約型のデマンド交通になるでしょう。

デマンド交通は安芸高田市でも「お太助ワゴン」という名称ですでに導入していきます。利用者を家の近くから目的地まで運ぶサービスで、路線バスの利用者が少ない日中の時間帯に運行しています。事前に利用者登録をしておけば、利用の2日前から当日の30分前（朝8時台を除く）までに電話で予約を入れることで利用することができます。今後はスマホとの連携を強化し、より効率的な運行を実現していくことになるでしょう。

「スマートシティ」を視野に入れたインフラ整備が必要

「コンパクトシティ」の、さらに先にあるのが、ＩｏＴやＡＩといった先端技術を駆使した「スマートシティ」です。先ほどお話しした、デマンド交通とスマホの連携のように、最新の技術を活用することで、交通網やエネルギー節約、防災・防犯、健康、買い物、子育て支援までを最適化し、より暮らしやすいまちづくりが可能になります。

音声やジェスチャーで家電の操作をしたり、病院に行かなくても自宅で受診できたり、ネットで購入した商品がドローンで玄関先まで届けられたり……。まだ統合したサービスとしては普及していませんが、個々のサービスとしてはどれもがすでに実現していることです。

「スマートシティ」の実現には、スマートフォンは欠かせないデバイスになりますが、高齢者の中には抵抗感を持っていたり、使いこなせなかったり、そもそも持っていないという方が多いのも事実。また都市部から離れた自治体では、インターネット網の整備など、課題はまだ多く、実現にはもう少し時間がかかるかもしれません。しかし今後のインフラづくりは、そこまでを見通しておこなわなければいけません。

この先、インフラ整備の目途ができたら、移住に対する補助政策も検討することになると思います。しかしこれも一筋縄ではいかないでしょう。

ある山奥に高齢者が住む、10世帯の集落があるとします。その地域と市街地を結ぶ1本の橋があり、その橋を使えば市街地へは10分で行き来できます。橋を使わず迂回すれば、5倍の50分かかってしまいます。住民が橋を使うのは週に1回、市街地へ買い出しに出かける時だけ。ある日、この橋が洪水で壊れてしまいます。橋を架け直すには1億円規模のお金がかかります。あなたが市長だとしたら、この橋を修復するよう指示を出しますか？

10世帯のために1億円を投入していいものか。住んでいるのが高齢者だけに、10年後には住人が消滅している可能性もあります。いくつかの選択肢は浮かぶかと思います。
一　従来通りの生活を送れるよう、橋を架け直す

二　週に数便、市街地と集落を結ぶ交通機関を設ける
三　10世帯に橋のこちら側に転居してもらう

一番目の選択肢は、数十人のために1億円を使うことを意味します。橋のこちら側に住んでいる人間たちにとっては、不公平極まりなく、賛同を得るのは難しそうです。二番目の選択肢は一見、合理的に見えますが、誰が運営するのか、その費用はどこが出すのかという課題があります。税金を投入するのであれば少なからず反対意見は出るでしょうし、さらに橋の向こう側に住む人にとっては、これまでよりは不便になるわけですから反対意見が出るかもしれません。三番目の選択肢は大多数の住民にとっては公平ではありますが、住み慣れた場所を離れるという苦渋の決断を迫るわけですから、すんなりとは受け入れてはもらえないでしょう。

いずれにせよ、全員が100％満足できる着地点を探すのは難しいのです。正解があるとしたら「正解がない」ことが正解ですが、行政はその中でも最適解を導き出し、執行しなければいけません。何をあきらめ、何を残すか。現状から未来を推測する。

感情論ではなく現実と向き合った決断をしなければ、持続可能なまちづくりはできません。

これは安芸高田市だけの問題ではありません。未来を生きる人たちのために、今を生きる私たちが決断・実行しなければいけないことを、ぜひ冷静になって考えてみてください。

第四章

心を通わせるコミュニケーション

「心」

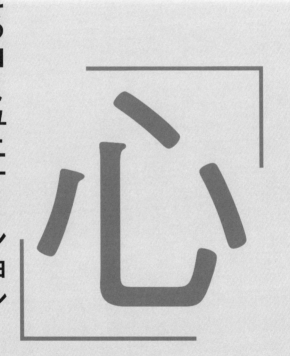

メディアを通して私を知っている人は意外に思うかもしれませんが、実は私、あまり口数が多い人間ではありません。どちらかといえば無口な部類に入ると思います。メディアで見せている姿は、「市長」という役割を意識して作り上げたものです。

とはいえ対話＝コミュニケーションが嫌いなわけではありません。むしろ大好きといっていいでしょう。コミュニケーションを通して相手がどんな人かを知ることができるし、自分がどんな人間なのかを知ってもらうことができます。世の中には様々な価値観が存在することもわかります。市長時代に市長室のドアを常に開放していたのは、いつでも会話が始めやすいようにとの思いからです。時には市長室で職員と一緒にランチをとるようにしたこともあります。それだけコミュニケーションが大事だと考えていたからです。

少数での直接対話だからこそ相手の本音が見える

安芸高田市では約1ヶ月に1回程度のペースで「あきたかたMeet-up」という、住民との意見交換の場を設けています。第1回は2020年10月、安芸高田市在住の18～29歳の方々を市庁舎に招き、2日間にわたり、身の回りの生活環境や医療、福祉、教育などの幅広い分野について意見交換をしました。第2回は翌年1月、6歳までのお子さんをお持ちの方に集まっていただき、「子育て」をテーマにおこないました。

「あきたかたMeet-up」の目的は、毎回テーマを絞り、その当事者たちに参加いただき、リアルな意見を直接吸い上げることでした。顔をつきあわせての意見交換は、メールや意見箱では汲み取りきれない部分までを浮き彫りにしてくれます。

一方で「あきたかたMeet-up」は、私の市長としての立場からの意見・考え方を理解していただく場でもありました。

「子育て」テーマの時に参加者の方から、放課後児童クラブで給食または弁当を提供してほしいという意見が出ました。学校のない夏休みや冬休みの児童クラブでは毎日お弁当持参となるのが、仕事もある親としては負担が大きいということです。

この時、私はその場で「かなり難しいと思う」と答えています。安芸高田市では給食センターで約2500人分をまかなって、ようやく収支がトントンいった状況でした。児童クラブではおそらく利用者は100人行くかどうかでしょう。そうすると1食あたり、かなり高額のお弁当・給食となってしまうだろうと説明しました。完全に納得していただけたかどうかはわかりませんが、市としての事情を理解していただけたと感じました。と、同時にとてもうれしい気持ちにもなりました。

住民の疑問を少し解消できたことだけを喜んでいるのではありません。普段は市政とは接点の少ない方が、自分の意見をぶつけてくださったことがうれしいのです。日本人は、思っていることをストレートに表現するのが、あまり上手ではないといわれます。自己主張することは、自分勝手でわがままな行動ととらえてしまう節があるのです。こんなことを言ったら、相手が気を悪くしてしまうのではないか、嫌われてしまうのではないか。そんな風に考えてしまうのです。

ご自身の生活を振り返って、「もっとこうだったらいい」と思ったことを、忌憚なく発言してくださった。これは少数での直接的なコミュニケーションだからこその利点ではないでしょうか。

住民に向けて財政説明会をする意味とは？

市長として実現したかったことに「政治の見える化」があります。就任時の公約として挙げた「政治再建」に深く関わるものです。

安芸高田市政に限らず、現在の日本の政治に国民が抱いているのは「興味」ではなく「不信感」です。わかりやすく説明できるものを、わざわざ小難しい言葉を並べて、焦点をぼんやりさせる。まるで都合の悪いことを国民に知られないように、興味をもたれないようにしているかのようです。

安芸高田市では2021年から毎年、住民に向けた市の財政説明会をおこなっています。内容は主に前年の経常収支比率についてです。経常というのは、〝恒常的〟という意味です。つまり経常収支比率とは、地方税や地方交付税といった恒常的に入ってくるお金（経常収入）と、人件費や施設維持費など恒常的に出て行くお金（経常支出）の割合を示すもので、その数値が低くなるほど自由に使えるお金が増えます。逆に高くなるほど自由に使えるお金が減っていきます。

家計に例えて説明すると、経常収入は毎月支払われるお給料、経常支出は家賃や光熱費、食費など生活する上で最低限必要なお金です。たとえば30万円の手取り収入があった場合、経常収支比率が80％なら6万円が自由に使えるお金になります。新しい洋服を買ったり、趣味に費やしたり、また資格のための勉強代だったりに、やりくりしながら使うわけです。

安芸高田市の経常収支比率は、2010年に86・1％だったものが、私が市長に就任する前年の2019年度の決算時には98・2％まで上昇していました。これはかなり危機的な数字です。先ほどの10万円の例で言えば、2010年は約4万1700円使えるお金があったのに、わずか9年の間に5400円にまで減ってしまったことになります。

財政説明会では、様々なグラフとデータを用いてその主たる原因が過剰な公共施設を抱えていることにあることも説明しています。2014年度に策定した公共施設等総合管理計画によると、安芸高田市の公共施設の一人あたりの延床面積は、全国平均の約2・5倍となっているので明白です。

いかがでしょう。こう説明されると、安芸高田市の財政状況が逼迫していることを理解していただけるかと思います。手前味噌ではありますが、全国を見渡しても、これほど丁寧に市の財政状況を説明している地方自治体は少ないと思います。

なぜこれほど丁寧に説明するのか。それは住民の皆さんにも、現在の安芸高田市が直面している危機を共有していただきたかったからです。このまま何もせずに突き進めば、20年以内、いやもっと早くに安芸高田市は消滅してしまう可能性が非常に高いのです。

兵庫県明石市はなぜ人口増を実現できたのか

財政説明会では最後に参加者の皆さまに対して質疑応答の時間を設けています。これまで行政に興味がなかったという方からも、多くの質問をいただけるようになりました。２０２２年の財政説明会では、人口減少と高齢化に端を発する「20年後の危機」をテーマに話をしました。人口の減少と高齢化の影響で、おもな歳入である地方交付税は今後20年間で約23億円減少し、歳出となる扶助費は今後20年間で約15億円増加すること。２０１５年に策定した公共施設の削減案が４％程度しか進んでいないことなどを、数値を示しながら説明しました。

すると質疑応答で「安芸高田市が非常に危機的な状況にあることは理解できました。市として移住を呼び込む施策は考えていますか」という趣旨の意見を頂戴しました。確かにこれらの課題の根っこには、人口減と少子高齢化があります。しかしこの時の私の回答は、「かなり難しい」というものでした。

地方自治体によっては、他県・他市からの移住者を増やそうとするところもありますが、日本全体で総人口が減少する中、なかなか地域の人口を増やすことは困難です。そんな中で成功例といえるのは、子育て支援に注力した兵庫県明石市です。

明石市が人口増に成功したのには2つの理由があると考えています。1つは言わずもがな「子ども・子育て支援新制度」の充実です。「医療費は18歳まで全員無料」「保育料は第2子以降全員無料」「オムツは満1歳まで無料宅配」「給食費は中学校無償化」「遊び場は親子ともに入場料無料」という〝5つの無料化〟を実現しました。

もう1つは明石市の立地です。人口はもともと20～30万人と、安芸高田市の約10倍。さらに電車で10分ほどの所に、人口約150万人を擁する神戸市があります。明石市の「子ども・子育て支援新制度」がスタートしたのは2015年4月で、当時の人口は29万1479人でした。一方神戸市の2015年4月の人口は153万5735人です。

では現在はどうでしょうか。2023年12月の人口は、明石市が30万6063人で、神戸市が149万8825人です。8年の間に明石市民は約1万5000人増え、神戸市民は約3万人以上減少しています。これは神戸市から明石市へ、かなりの人口が流れたと考えるのが自然でしょう。住所は子育て支援が充実している明石市に。大きな買い物やレクリエーションを楽しみたければ、気軽に足を伸ばせる神戸へ。そんな生活が可能であることを提示・実現できた明石市の先見性の勝利と言っていいでしょう。

小さな地方自治体が、今後注力すべきは「関係人口」の増加

しかし安芸高田市ではこうはいきません。隣接した自治体に150万人規模の都市があれば、ひょっとしたらという思いはありますが、近隣でもっとも多いのが三次市で人口約5万3000人です。広島市の人口は約118万人ですが、地理的にはかなり遠く離れています。安芸高田市と接する安佐北区や可部町までででも、車で30～40分かかります。グーグルマップで調べてみると、安芸高田市役所から広島駅までは、公共交通機関で1時間30分から2時間、車でも優に1時間以上かかります。繁華街である八丁堀や紙屋町は、広島駅のさらに西側にあり、安芸高田市に住む者からしたら、気軽に出かけられる場所ではありません。それらを踏まえると、安芸高田市で大きな人口の増加が期待できるような施策は皆無と言っていいでしょう。

どこかが増えれば、どこかが減る。それでは日本が抱える、人口減・少子高齢化の根本的な解決にはなりません。そこで考え出されたのが「関係人口」です。人口の取り合いに終始するのではなく、複数の地域で人口を共有しようとする、一種のシェア

リングエコノミーのような効果を期待するものです。

総務省のホームページでは「移住した『定住人口』でもなく、観光に来た『交流人口』でもない、地域と多様に関わる人々を指す言葉」と定義されてます。つまり、単に観光で訪れただけの人よりも、地域に愛着を持っている人のことです。

わかりやすい例でいうと、ふるさと納税が挙げられます。その地域に住んでいるわけではないけれど、その土地のフルーツが好きで毎年ふるさと納税をしている。そんな人も多いのではないでしょうか。他にも、現在は他県に在住しているけれど、安芸高田市で生まれ育っており愛着がある。これも関係人口です。お気に入りの温泉宿があって毎年宿泊している、そのまちの祭りが好きで、決まった時期に訪れる、学校の研究でその地域について調査をしている。これらも関係人口です。

実は安芸高田市をアピールする3つの柱、「あきたかた神楽」「毛利元就」「サンフレッチェ広島」も、関係人口を増やすための一つの方策です。もちろん安芸高田市民に自分たちのまちについて愛着を持ってもらいたいという気持ちもありますが、少しでも市外の人たちに興味を持ってもらうフックになればいいなという思いもあるのです。

オンラインでつながるコミュニケーションで関係人口を構築

私は月に2〜3回のペースで、YouTubeの安芸高田市公式チャンネルで「あきたかたMeet-upオンライン」という、ライブ配信をおこなっていました。最初に紹介した、定期的におこなっている「あきたかたMeet-up」は、特定少数の方たちを招いて意見交換をする場ですが、安芸高田市以外の人たちにも参加してもらうために、2023年10月から、オンライン版としてスタートしました。

内容は政治的な話から、面白かったマンガの話やサッカーの話までと幅広くなっていますが、ほとんどは視聴者からのメッセージをもとに話をしています。夜9時頃から配信することが多いのですが、そんな遅い時間の配信にもかかわらず、同時接続の視聴者は2万人を超えることもあります。私がメインで配信する最終回となった、2024年6月9日は、3.5万人以上の方にご参加いただきました。生配信後のアーカイブでは30万回超えの再生と、地方自治体の動画としてはかなり高い数字を出しています。

私は就任当初から首長は発信力を磨くべきだ、インフルエンサーになるべきだと言ってきました。首長は選挙で住民から直接選ばれた立場のため、そのエリアでの知名度は誰よりも高いはずです。今はソーシャルメディアという、抜群の拡散力があるメディアを誰でも使うことができます。首長という知名度を生かして、外に向けてどんどん地域のファンをつくればいいと思うのです。私がX（旧ツイッター）やYouTubeなどのSNSで、積極的に発信をおこなっているのは、そのためです。

日本全体が少子高齢化を止められていない状況では、残念ながら安芸高田市のような小さな地方自治体が自力で持続可能なまちをつくることは不可能です。まちのレベルでは少子高齢化も人口減少も食い止めることはできなかったのです。これまで自力でやってきた結果が今である、ということが、そのことを証明しています。

これからは外の力を借りてこれらの課題に取り組んでいく必要がある、というのが私の考えです。安芸高田市に興味を持ってくれる人たち。手を貸してくれる人たち、知恵を貸してくれる人たち。そういった仲間を増やしていく方向にシフトしていく必要があるのです。

「世界で一番住みたいと思えるまち」の真意

私が市長に就任した時に掲げた、目指すべきまちの姿が「世界で一番住みたいと思えるまち」でした。「住みやすいまち」であれば、家賃や物価が安く、通勤や通学にも便利で、スーパーが近所にあって、というまちが浮かぶかと思います。また「住みたいまち」であれば、おしゃれなカフェがあったり、緑豊かな公園があったりといった高級住宅街を思い浮かべるかもしれません。

「住みやすい」は利便性、「住みたい」は憧憬といった意味を含んでいます。では私が提言した「住みたいと思えるまち」とは、どんなまちでしょう。

「世界で一番住みたいと思える町」とは、便利なまちでもおしゃれなまちでもありません。ましてや人口が多いまちという意味でもありません。「思える」という言葉をあえて使っているのは、実際に住むことを前提とするのではなく、安芸高田市というまちを「応援したくなる」という意味です。これがまさに「関係人口」です。

先ほども説明しましたが、安芸高田市の公式ＹｏｕＴｕｂｅチャンネルの登録者数は、26万人を超え、地方自治体として日本一となりました。その恩恵は数字にも表れており、視聴による広告収益は月々200万～300万円ほどになります。これらの収益は、生徒が決める100万円事業（高校応援補助金、詳しくは後述）など、次世代を担う児童生徒の教育活動に充てることにしています。

関係人口の増加による恩恵はふるさと納税にも表れてれています。2023年度のふるさと納税の総額は4億4562万円。前年度が2億77万円なので、2.2倍、金額にして2億5000万円近く、上振れで着地することができました。

中国新聞が2023年末に、三原市がふるさと納税に力を入れていて、4～9月の間に3・4倍になったと報じました。しかしその実態は、仲介サイトの広告にお金を使った結果であることがわかっています。ちなみに同年同期間だけを見れば安芸高田市のふるさと納税は、前年比3・6倍になっています。

誤解のないよう言及しておきますが、私は三原市のやり方に異を唱えているわけではありません。必要な経費を使って、一定の効果を上げたのだから、それはそれで見事だと思います。ただ安芸高田市は、返礼率の高い返礼品で釣るわけでもなく、純粋に安芸高田市を応援しようと集まったもので、ふるさと納税の趣旨にかなった結果だと評価しています。お金をかけずに効果を出したのだから、メディアからもっとほめてもらってもいいのではないかなぁと思う次第なのです（笑）。

「無印良品」出店計画が否決された背景

関係人口のことで言うと、実は2023年6月の議会で否決された、道の駅「三矢の里あきたかた」への、「無印良品」出店計画もその一環でした。まさに外から力を借りようとした戦略でした。無印良品を道の駅に招致することのメリットはたくさんありました。

1つ目は集客力です。全国的な知名度がある無印良品であれば、市内外から多くの集客が見込めたことでしょう。

2二つ目は道の駅の経営改善です。無印良品を招致するにあたって、市が負担する改修費用は3300万円でした。出店によって道の駅の収支が年間470万円ほど改善するため、約7年で投資は回収できる計算でした。ちなみ無印良品の運営会社、株式会社良品計画は8000万円を負担してくれる予定でした。

3つ目は産業創出です。地元の特産品を活かした商品開発や無印良品の店舗網を活かした販路拡大への期待ができたことでした。無印良品の企画力と販売網があれば、安芸高田市の生産物を使った商品を、世界規模で流通させせることができたかもしれません。

出店計画を巡り、私は改修に向けた調査設計費450万円を専決処分した上で、定例会に工事費3300万円を組み込んだ2023年度の一般会計補正予算案を提出しました。専決処分とは、議会の議決・決定を経なければならない事柄について、地方公共団体の長が議会の議決・決定の前に処理できるというものです。地方自治法で認められている権限で、違法でも何でもありません。この案件で言えば、良品計画側が希望する開業スケジュールを考えると、緊急性を要するという判断があり、専決処分としました。

しかし議会側は専決処分を不服とし、一般会計補正予算案から工事費3300万円を削除した修正案を可決しました。要するに「事前の説明がなかった」という理由で、無印良品の出店を許さなかったのです。

これって本当に住民のためを思っての判断でしょうか？　実際、市がおこなったアンケートでは、6割以上の住民が無印良品の出店に肯定的でした。それを知った反対議員たちは「やり方が問題であり、出店自体に反対の立場でない。あらためて協議して進めたらいい」などとのんきなことをいう始末でしたが、まったくビジネスのことをわかっていないと言わざるを得ません。そんな理由で反対した相手を、誰が信用できるでしょうか。事業は完全に終わりました。

しかしこの判断は議会・議員だけの責任ではありません。彼らは住民が選んだ住民の代表なのです。つまりアンケートで住民の6割が賛成であっても、住民から選ばれた議員が多数決で反対すれば、それは住民の意思ということになるのです。それが二元代表制なのです。

政治課題は、皆さんの日常に転がっている

私が安芸高田市長としてコミュニケーションを大切にしたのは、多くの人に政治に興味・関心をもってもらうためです。興味をもつきっかけは、実は日常にたくさん落ちています。前述した、「放課後児童クラブでの給食・弁当化」もそうです。家庭の事情ととらえる方もいますが、同じ悩みの人が多ければ、行政が対応すべき課題となりうるのです。「放課後児童クラブでの給食・弁当化」は、残念ながら実現は難しかったですが、その声は、しっかり市に届いています。

この章のまとめとして言いたいのは、自分の生活の中から「もっとこうだったらいいのに」ということを明確にし、それを理解し、叶えようとしてくれる政治家を、あなたの一票で当選させていただきたいということです。そのために首長候補、議員候補が何を考えているのかを、できるだけ理解する努力をしてほしいのです。もちろん、一方的に話を聞かされるのではなく、自分が抱えている壁や悩みも正直にぶつけてほしい。それこそが、「心を通わせるコミュニケーション」なのだと思います。

第五章

親子世代をつなぐまち

親

私は安芸高田市が合併する前の、高田郡吉田町で生まれ育ちました。実家は商店街の中にあり、両親と兄、妹との5人家族で借家に住んでいました。大家さんは電気店を営んでおり、私は子どもの頃から店番を仰せつかったり、家電の配達を手伝ったりしていたためか、自分は同級生より早く、大人の仲間入りをしていると自負していました。今思えば、言われたことを、ただこなすだけで一人前気取りだったので、かわいいというか恥ずかしいというか（笑）。

そんな私が、初めて自分の意志で人生を選択したのは、中学3年生になったときでした。父に「中学校を卒業したらどうするんだ？」と言われたのです。友人たちと同じように、高校に進学するものだと思い込んでいた私は、面を食らいました。

誤解のないよう言い添えておくと、父は私に働いてほしいと願っていたわけではありません。確かにうちは裕福ではありませんでしたが、公立高校へ進学できないほど困窮していたわけではありません。ただ父は、「義務教育は終わった。お前はこれからどうしたいんだ」と問いたかったのだと思います。

自分の人生に、「中学校を卒業したら社会に出て働く」という選択肢が加わった私は、三日三晩考え抜いた結果、「高校へ行かせてください」と父にお願いしました。今の世の中的に、高校は卒業しておいた方がいいだろうと考えたのです。そしてできれば大学まで卒業した方が有利だとも思いました。ただし大学はお金がかかるので、国公立以外ならあきらめるつもりでした。中学3年生にして国公立大学進学という目標ができたことで、高校時代に勉強へ力を入れられたのは幸いでした。こうして私は広島市内の公立高校を経て、京都大学へと進学できたのです。

私に社会の一端を垣間見させてくれた電気屋の大家さんと、人生は選択の連続であることを教えてくれた父。そしてそんな私をずっと見守ってくれる母。人生でたくさんの人と出会いましたが、私に大きな影響を与えてくれたこの3人は、私にとって尊敬できる大人でした。特に両親には感謝してもしきれません。照れ臭くて、なかなか顔を見ながら感謝の言葉が伝えられませんが、この場を借りて言わせてもらいます。

「本当にありがとうございます」

市のキャッチフレーズ最終選考を中・高校生に任せる意味

2024年3月1日、市政20周年を記念した安芸高田市のキャッチフレーズ「百万一心、未来へつなぐ安芸高田市」が発表されました。「百万一心」は、安芸高田市の吉田郡山城を築城した毛利元就の言葉で、「一日一力一心」とも読め「皆で力を合わせれば何事も成し得る」という意味が込められています。

キャッチフレーズは公募で集められた1758点の中から、私と副市長、教育長の3人で100点を選出。第2次選考で市の全職員により8点にまで絞り込み、最後は市内の公立中学校・公立高校の生徒会から各1名選出の委員によって選考がおこなわれました。

生徒たちは実にいい仕事をしてくれました。まず「百万一心」という、安芸高田市とゆかりの深い、歴史上の人物・毛利元就の言葉が引用されていること。そして持続可能なまちづくりに取り組む、現在の安芸高田市を象徴する「未来へつなぐ」という言葉。過去から現在へ、現在から未来へと紡がれる安芸高田市の歴史と、未来への思いが込められたキャッチコピーを、その意味を理解しながら選出してくれたのです。

私は、自分たちが住むまちのキャッチコピーの選考に、生徒たちが関わったという事実が重要だと考えています。今後このキャッチコピーは、至る所で露出していく予定です。特に最近の安芸高田市は、市外の世界とも強く結びついてきています。キャッチコピー選考の様子は全国ニュースで取り上げられもしました。それを見て、生徒たちは誇りに感じてくれることでしょう。

子どもの頃の私が電気屋さんの仕事手伝って、ちょっと誇らしかったこと。悩みに悩んで、初めて自分の人生の選択をした中学生時代。私の時とは形は違いますが、行政の大事な選択の場に主体的に関わってくれた生徒たちを、私は誇りに思います。

「国際子ども平和賞」の授賞式で発された17歳の言葉

２０２1年1月に「国際子ども平和賞」の授賞式がオランダで開催され、日本人として初めて、当時17歳の川崎レナさんが受賞しました。

彼女は、世界には政治的な事情で教育を受けられない子どもたちがいることを知り、教育や人権についての活動を開始。２０２０年には、14歳で国際的なＮＧＯの日本支部「アース・ガーディアンズ・ジャパン」を立ち上げています。

それらの活動が認められての受賞でしたが、この授賞式のスピーチで、具体的な名前こそ挙げていませんが、おそらく私のものと思われる発言を引用されていました。以下に、授賞式での川崎レナさんのスピーチを一部引用させていただきます。

「私たち日本の若者は政治離れの世代だと言われていますが、日本の若者は政治に興味がないのではなく、政治を信頼する理由、投票する理由が、今はまだ見つからないことが多いのです。差別発言、議会中の居眠りなどを繰り返す様子が日々放送されています。（中略）市民の声を最初から聞いてくれないように見える日本の政治に、誰が協力しようとするのでしょうか。放送されているような政治家の皆さんばかりだと、日本は変わることはないでしょう。けれども39歳の市長が居眠りする議員に向かい、『恥を知れ』と叫んだとき、日本はまだ変われる、私はそう思うことができました。政治家として議会で寝ないのは普通のことのはずです。政党や思想関係なく、その普通を取り戻そうとしてくれている大人たちがいる限り、日本は私が誇れる国になれるはずです」

「恥を知れ」というのが私の発言です。事の詳細は第二章に記しましたが、念のために前後の文脈を含めて記すと、「居眠りをする、一般質問しない、説明責任を果たさない。これこそ議会軽視の最たる例です。**恥を知れ！恥を！**……という声が上がっても、おかしくないと思います。どうか恥だと思ってください」となります。

私の言葉が少しでも若い世代に刺さってくれたのだとしたら、炎上覚悟で発言した甲斐がありました（笑）。

子どもにとって「かっこいい大人」でいるために

私は彼女のスピーチを聞いて心の底から「申し訳ない」という気持ちになりました。形的には褒めてもらってはいますが、その次元があまりにも低いからです。私は、当たり前のことを当たり前にしましょうよと言ったに過ぎません。本来なら逆のはずです。幼い子どもに、「玄関で靴がそろえられたね」と褒めるのが大人です。ところが、当たり前のことを言って「偉いね」と、大人が子どもに褒められてしまう。当たり前のことが、当たり前のようにできないこの現状に、大人としてとても恥ずかしいと感じたのです。

川崎レナさんが活動を始めたきっかけは「悔しさ」だったそうです。変わりそうにない日本。自分の国に誇りをもてないことに、とてつもない悔しさを感じていたというのです。

彼女は具体的な例を挙げてはいませんが、例えば少子高齢化問題。最近の問題のように思われる人もいるかと思いますが、実際は１９７０年代後半には予測され、

1990年にははっきりと危機として認識されていたものでした。近い将来に必ず訪れる危機とわかっていても、日本政府がその場しのぎ的な対応しかしてこなかったことは、悪化の一途を辿る現在の状況を見れば一目瞭然です。

問題を先送りするということは、将来世代にツケを払わせるということです。自分たちの世代は逃げ切れる。そんな風に考えているのではないかと勘ぐられても仕方のないことです。

また世間を騒がせた、政治資金パーティから発生した裏金問題では、誰一人納得できない弁明に終始する政治家の姿が連日メディアを賑わせました。川崎レナさんは、先のスピーチを「政治家になる前にかっこいい大人になってください」と締めくくっています。本来であれば、大人が子どもたちに「将来、かっこいい大人になってくださいね」と言わなければいけないはずなのに……。今の大人は、子どもたちにかっこいい姿を見せられているでしょうか。

立場を理解し、正しく振る舞うのが「かっこいい大人」

「かっこいい大人」と聞いて、皆さんはどんな人物像を描きますか？　2023年度の「あきたかた二十歳のつどい」で、地元の新成人の方たちを前に講演する機会をいただきました。政治、経済、哲学……。どんなことを話そうかと悩んだ末、私はマンガの『鬼滅の刃』をテーマに選びました。そこに「かっこいい大人」像が示されていたからです。

『鬼滅の刃』は大正時代を舞台に、少年・竈門炭治郎《かまどたんじろう》が鬼へと変えられた妹を人間に戻すために、鬼たちと戦う物語です。敵方の鬼たちにも汲むべき背景があり、単なる勧善懲悪ではないストーリーが話題となり、テレビアニメ化、映画化もされました。

私が取り上げたのは、原作マンガの第4巻、主人公の竈門炭治郎と仲間の我妻善逸《あがつまぜんいつ》、嘴平伊之助《はしびらいのすけ》が宿を立つシーンです。宿を立つ際、3人はお世話になったお婆さんから「どのような時でも誇り高く生きてください」と声をかけられます。「誇り高く生きる」とは、どのようなことなのでしょう。おそらく大人でも、すぐに答えられる人は少ないのではないでしょうか。

物語の中で、仲間に「どういう意味だ?」と問われた炭治郎は、迷うことなく次のように答えています。

「自分の立場をきちんと理解して、その立場であることが恥ずかしくないように、正しく振る舞うことかな」

炭治郎はこの時点で若干15歳です。マンガの世界の話とはいえ、私はこのセリフに衝撃を受け、「立場」というものについてあらためて考えさせられました。

「立場」には、いろいろな段階があります。まず持って生まれた「与えられた立場」。たとえば家族の中で言えば、お父さんがいて、お母さんがいて、自分は子どもという立場です。祖父・祖母からは孫、兄弟がいれば兄、姉、弟、妹という立場もあります。これらは否が応でも変えられない、生まれ持った「立場」です。

一方で人間は自分の意思や振る舞いの結果によって得る「立場」があります。これは年齢を経るごとに増えていきます。進学、就職、転職、結婚、出産など、人生には様々なイベントがあり、その都度、自ら選択をし、決断していかなければなりません。

学生、社会人、先輩、後輩、上司、部下、恋人、夫婦。さらには農家、八百屋、電技技師、警察官、ＩＴ技術者など、職業一つひとつも「立場」と言っていいでしょう。

そうやって得た「立場」には責任が伴います。自分で選んで得た「立場」は、周囲に任された「役割」です。自らの役割を認識し、誠実に遂行する。時には苦しく、時にはつらくあるかもしれません。しかし、だからこそ、やりがいがあるし、生きる喜びを感じられます。

世の中には様々な立場の人間が存在しています。地方自治体でいえば、首長には首長の、議会には議会の、住民には住民の役割があります。それぞれが自分の立場・役割を理解し、正しく振る舞うことが「かっこいい大人」になるための条件なのだと思います。

次世代にツケを先送りしてはいけない

安芸高田市では次世代の主役たる小・中学生を中心に、「未来への投資」として様々な取り組みをおこなっています。まず2024年度から市内に13あるすべての小・中学校の給食費を無償化しました。給食費の無償化は、すでに実現化している自治体もあります。有名なのは兵庫県明石市ですが、明石市では対象は中学校のみです。中学校3年間に対し、小学校は6年間あるので、単純に考えると倍の予算が必要になります。全国的な傾向として小学校の給食無償化にまで手が回らないのには、そんな理由があるのかもしれません。

安芸高田市においては、おそらく日本で初めて一般財源の中でやりくりをして、小・中学校の給食費無償化を実現しました。ふるさと納税を財源に使えばいいという声もありましたが、給食費の無償化を持続可能にするためには、収入額が不安定なふるさと納税ではなく、一般財源から捻出するのが正当だと思ったからです。

給食費無償化の目的としては、1つは子育て世帯の負担軽減です。対象となる児童・生徒数は1660人。経費として約1億円かかります。家庭単位で考えると金額的には小学生ならば一人年間5万4000円、中学生だと7万円が浮く計算になります。各家庭においては、ぜひその浮いたお金を、子どもたちの教育に投資していただければと願っています。

もう1つの狙いは「教職員の働き方改革」です。給食費の徴収から管理、計算、支払いといった事務作業を軽減し、教職員の働き方改革につなげていきたいと考えています。

一方ふるさと納税の寄付金を活用した未来への投資も並行して進めています。市内の小学校を対象にした、老朽化した児童の机と椅子の買い替えです。3年計画で進めるもので、すでに2023年度に5・6年生を対象に399組、2024年度に3・4年生を対象に342組の机と椅子を更新しています。2025年度は残り1・2年生、261組の更新をする予定です。費用は合計約4680万円かかりますが、財源はこれまでのふるさと納税ですでに確保できています。

今を生きる大人ができる未来への投資とは？

現在、市内6つの中学校の生徒会長たちを、市の全面負担で海外短期留学に送り出す制度を計画中です。この事業の目的は2つあります。

1つは、将来のリーダーとなる人たちに、海外で生活する経験を提供したいということ。感受性豊かな時期に異文化や異なる価値観、多様性をリアルに感じ取れる経験はとても貴重です。日本という国を外側から見ることで、考え方や動き方が変わってくると思うのです。そして海外で見て、感じたことを、学校に戻って皆に伝えてほしいと思います。大人が伝えるより、同年代の友人からの言葉の方がきっと響くはずです。

2つ目は、生徒会そのものの復権・復活です。日本全国の生徒会は、生徒や学校側の期待通りに機能しているでしょうか。先生や周囲に勧められてなんとなく立候補して、投票する生徒・児童も特段の理由もなく票を入れている。課題は見えているけれど、目標はぼやけている。もちろん生徒会は生徒のため、学校のために活動しているとは思いますが、私には活動が沈みがちになっている印象があります。まるで今の日本の政治を見ているようです。

そうなってしまった原因の1つに、インセンティブがないことが挙げられます。やるなら活動していて楽しい、やりがいのある方がいいですよね。もし学校のシステムに海外留学制度があったら、かなり大きなインセンティブになると思います。普段は海外に興味を持たない生徒も、生徒会に立候補する生徒も増えることでしょう。

語学学習目的だけだったら、日本にいても十分可能です。しかしこの計画の真の目的は、異文化や多様性を学ぶことにあります。そういったものを存分に吸収して、各学校に持ち帰ってくれることを期待しています。

市内の中学校を統合することで持続可能な環境をつくりだす

安芸高田市では現在、市立中学校の統合計画を進めています。安芸高田市には吉田中学校、八千代中学校、美土里中学校、高宮中学校、甲田中学校、向原中学校と6つの中学校があります。生徒数は減少傾向にあり、吉田中学校を除いて、クラス替えが可能な1学年複数学級が確保できていません。

1学年1クラスの場合、生徒一人一人に目が届きやすいというメリットはありますが、逆に運動会などの学校行事やグループ学習といった、組織的な体制が組みにくく、指導方法に制約が生じてしまいます。サッカーや野球などの団体スポーツでは、チームがつくれないといったデメリットもあります。

また校舎の老朽化も進んでおり、長寿命化を前提とした改修経費は、1校あたり5～9億円が見込まれています。

市が提案しているのは、この6校を1校にまとめるものです。1校統合のメリットは次のようなものです。

一、クラス替えが可能な1学年複数クラスが確保できる

1クラス20～30名規模のクラスが確保できる予定です。令和8年度は生徒数607人で16クラス、少子化がさらに進んだ令和15年度でも、生徒392人で11クラスが確保できる推測です。

二、運動会などの学校行事や集団活動に活気が生じやすい

グループ学習や習熟度別学習など、様々な指導形態がとりやすくなります。また集団の中で多様性を認識できたり、切磋琢磨することで個々の資質や能力を伸ばしたりすることができます。運動会や部活動の選択肢が増え、活気が生じやすくなります。

三、専門性を有する教員を複数名配置できる

教職員数は学級数を基に算出されるので、学級数が多いほど専門性を有する教職員を複数名配置できるようになります。15クラス以上であれば、音楽、美術、技術・家

庭科を合わせた教諭として4名の配置が可能です。

四、校舎の新設により最新の設備を提供可能

6校分の生徒を受け入れ可能な新校舎設立が必須となるので、最先端の設備を提供することが可能となります。新設費用としては29億円が見込まれますが、6校分の改修費を合わせた金額よりは少ない予算で済みそうです。

今挙げた中でも力を注ぎたいのが、教員の質の向上です。現状では各教科につき1人の教員しか配置できません。つまりその学校のその科目の教育レベルは、1人の教員にすべてが委ねられてしまうのです。本来であれば1教科に複数の教員が存在し、相談しあいながら切磋琢磨できるのがベストです。

このように教育の質の向上や、最先端の設備を整えた新校舎など、学校統合によるメリットは多くありそうです。

デメリットを隠さないことで関係者の理解を得られる

もちろん、デメリットもあります。生徒数が増えれば、一人一人の把握が難しくなります。また通学路の問題もあります。今まで徒歩や自転車で通えていたものが、距離が遠くなることで、通学時間が生徒の負担となることは確実です。スクールバスを常設するにも経費がかかってしまいます。

しかしこれらのデメリットを受け入れてでも、中学校の統合は必要なのです。場合によっては、小中一貫校という話が出ても不思議ではありません。最新・最上の教育のいいところは、それだけで求心力が高いことです。もし義務教育の9年間で非常に質の高い教育が受けられるとしたら、市外からの移住希望者も増えるかも知れません。

日本の少子高齢化は「平成の大合併」の時点でわかっていたことです。地方であればそのスピードはさらに加速します。本来であればもっと早い段階で着手すべき課題でした。とはいえ時間は巻き戻すことはできないので、これからスピード感をもって計画に着手していくことが、今できる最善の策となります。

市ではこれまでに4回、対象となる保護者の方に統合案の説明会をおこなってきました。参加率は多い時で90％を超え、その関心の高さがうかがえます。

ほとんどの生徒にとって通学が不便になるし、保護者にとっても新しい体制への不安はあるでしょう。「なぜ今まで通りではいけないのか」と不満の声が出るのは当然のことです。しかし市としては1校統合案がベストの選択であると導き出したわけです。

市政を提案する立場としての正しい振る舞いとは何か。それは保護者の皆さんに、現在の各校の教育現場の状況や市の財政を知ってもらい、メリットとデメリットを包み隠さず誠実に説明することだと判断しました。こんな風に書くと、さも立派に聞こえるかもしれません。よく考えれば当たり前のことなのですが……。

説明会は4回開催しました。最初は保護者の方たちも疑心暗鬼で参加しているので、なかなか理解してもらえませんでした。第1回の説明会では1校統合案への賛同は30・4％でした。しかし回数を重ねるうちに、徐々に反応が変わりはじめ、第4回説明会の時には65・9％にまで増えたのです。なぜ統合することが最適解なのかを丁寧に説明し、デメリットを隠すことなく誠実に向き合ったからこそ、保護者の方からの理解を得られたのだと思います。

合理的な理由、理論が伴わなければ、他人を納得させられません。感情論が優先する議論は、見たくないものに蓋をしてしまいがちです。そうやって先送りしてきたものが年月を経て大きくなり、収集がつかなくなってきた例を、たくさん見てきたはずです。

我々を含むこれまでの大人の世代が見て見ぬふりをしたがために溜めてきてしまったツケを、これ以上先送りしてはいけません。

せめて負の遺産を我々の世代で清算し、次の世代の人たちが、まちの進む方向を自分たちで選べるような、質の良い教育と環境を整えバトンタッチする。それこそが「かっこいい大人」と言えるのではないでしょうか。

第六章

日本が進むべき道とは

進

現在の日本は、確実に破滅へと進んでいる

前職の銀行で経済アナリストとして働いていた時、経済を突き詰めていくと、必ず政治に突き当たることに気づきました。国がどのような政策をとるか、どの方向へ舵を切るかが、経済に大きな影響を与えるのです。以降、日本の政治に少しずつ関心をもつようになりました。そして感じたことが、このままでは日本は、やがて国として終わってしまうかもしれないという危機感でした。

経済の分析予測をやってきた人間として言えるのは、未来の予測は絶対必要だということ。的中するかどうかは結果論ではあるのですが、今後起こりうることを予見して備えておくことは、とても重要なことです。

未来予測とは現在と過去の因果関係を考えるということです。東日本大震災で被災した福島の原子力発電所の問題は、「想定外の津波によるもの」という言われ方をしましたが、果たしてそうでしょうか。1986年のチェルノブイリ原発事故と、海に囲まれた日本という国の特性を合わせて、誰かが真剣に分析していたら、ひょっとし

たら予見できていたかもしれません。

元メジャーリーガーの松坂大輔さんが、母校・横浜高校の強さについて「年イチあるかないかという場面やプレーを想定して、そのためだけの準備をしてきている」と語っている記事を読んだことがあります。一見、荒唐無稽に思えることでも無視せず、事前に想定して準備をすることで、いざという時に正しい対応がすばやく起こせる。

特に国民の生活や財産を守る立場にある政治家にとっては、重要な素養だと思います。

世界の一流国から転がり落ちていく日本

私が感じている日本への危機感は、大きく2つあります。

まず1つ目は、外的要因として、武力・経済・政治的な圧力により、外国に取り込まれてしまうかもしれないという危機感です。大げさに聞こえるかもしれませんが、軍事力を増大させ、東シナ海や南シナ海で力による現状変更を繰り返す中国や、核兵器とミサイル開発に突き進む北朝鮮など、国際秩序に反する動きを見せる国が実際に周囲に存在しています。

経済の面では、2010年に中国に抜かれるまで世界2位を維持していたGDP(国内総生産)が、2023年にはドイツにも抜かれて世界4位に転落。記録的な円安により、世界で最も安い旅行先として、海外に認識されています。かつて経済大国であった日本は、現在では貧困国の仲間入りをしたといっても過言ではありません。弱体化した日本経済はつけ込まれる隙が多いのは事実です。

政治面では、日本ではありませんが、イギリスの情報組織MI5は、中国がスパイ活動を高度化し、政治、軍事、ビジネスなどの分野で要職にあるイギリス人をヘッドハンティングしているとの認識を示しています。なかでもイギリス国内で法律事務所を営んでいる中国人エージェントが現職の下院議員へ多額の献金をおこなって、政治介入しようとしていると報じられたニュースは、世界を驚かせました。イギリスの話ではありますが、スパイを防止する法制度が整っていない日本では、実は目に見えていないだけかもしれません。実際、2023年には、日本が開発したフッ素化合物の最先端技術が中国に流出し、特許まで取得されてしまったというニュースもありました。

どれもすぐにどうこうという話ではありませんが、歴然とした事実であることに間違いはありません。「中二病」「陰謀論」といった言葉で片付けてしまわず、しっかりと向き合うべき問題だと、私は考えています。

東京一極集中がもたらすデメリットとは

2つめは内的な要因からの危機感です。それが人口の東京一極集中問題です。東京には何でもそろい、住みやすいと思われるかもしれませんが、実際に生活してみると、けっして住みやすいまちではないことがわかります。

満員電車、交通渋滞、住宅の高騰、ゴミ問題、待機児童問題など、これらは巨大な人口を抱える東京だからこそ発生する問題です。

東京一極集中のリスクはまだあります。それは災害です。現在、首都直下型地震は、今後30年以内に70％の確率で発生すると言われています。災害時のリスクとして考えられるのは、まず建物被害と人的被害です。東京と近隣県を含む首都圏レベルで、全壊・焼失建物棟数が最大約61万棟、死者数は最大で約1万6000人〜2万3000人と想定されています。さらに被害人口が多ければ救急・救助活動、医療活動が不足する可能性も高くなります。さらに帰宅困難者による混乱や避難所不足、各種インフラの停止……。数え上げれば切りがありません。

そして日本の中枢機能への影響です。地方への省庁移転は以前から検討されていましたが、ようやく2023年に文化庁が京都府へ移転したところです。現実として日本の中央省庁のほとんどが東京に集中していることと考えると、もし大きな災害が首都圏を襲うようなことがあれば、首都機能どころか、国としての機能が働くなる可能性が高いのです。

アニメの話になりますが、『新世紀エヴァンゲリオン』では、地球規模の災害を引き金に、東京都が壊滅。長野県松本市に第2新東京市、神奈川県箱根町に第3新東京市が建設されているという設定です。アニメの設定とはいえ、日本の安全リスクを考えると首都機能を分散させる政策は賢明と言えるでしょう。

「大阪都構想」に日本の将来へのヒントがあった

首都機能の分散＝地方分権を語るうえで、見逃せない出来事が２０１５年と２０２０年にありました。「大阪都構想」です。大阪都構想とは、大阪府と大阪市によってそれぞれ行われてきた広域行政を一元化し、住民に最も近い基礎自治体として４つの特別区を設置しようとしたものです。

メリットとしては、府と市による二重行政の解消が挙げられます。例えば、大阪では府と市とで、それぞれ同じような目的の箱ものをつくっていました。最たる例が、りんくうゲートタワービル（大阪府　現・ＳｉＳりんくうタワー）とワールドトレードセンタービル（大阪市　現・大阪府咲洲庁舎）で、互いに「高さ」を競い合うあまり、どんどん高さが増していくという、府民が置いてけぼりとなるような争いがありました。また水道事業に関しては、大阪市内については大阪市が、それ以外の市町村は大阪府が担うなど、二重行政の象徴と言われています。大阪都構想が実現したら、統合することによってかなりのコストカットができたはずです。

もう1つのメリットは、行政のスピードアップです。市役所が持っていた権限・責任を住民に身近な区役所に移すことで、地域のことをスムーズに決定できるようになります。

大阪都構想は2015年と2020年、2度の住民投票で否決されてしまいましたが、2020年の住民投票では、賛成票と反対票の差はわずか1万7167票、得票率は1・2ポイントの僅差でした。実現は叶わなかったものの、「大阪都構想」への府民の期待が相当高かったことがわかります。大阪は江戸の昔から商人の町として知られており、生活物資の多くが生産地より集められ、「天下の台所」との異名を持っていました。もし大阪都構想が実現していたら、首都・東京とともに、日本の経済を支える中心地となっていたかもしれません。明治4年に廃藩置県が行われ、現在の都道府県の基が生まれました。

「大阪都構想」は、大阪府のことだけでなく、実は日本の地方自治を動かしうる可能性を秘めていました。それが「道州制」です。道州制はその都道府県を廃止し、新たな広域自治体として、「道」または「州」を設置し、従来の都道府県より高い行政権を与え、地方分権を実現させようというものです。明確な定義はありませんが、行政区分のリデザインという意味で、大阪都構想と通じるものがあります。

政府レベルでも時々思い出したように話題が上がりますが、残念ながらその有用性や方向性を見いだせないまま、再燃と鎮火を繰り返している状況です。確かに実現には多くのハードルがありますが、人口が減少していく日本においては、選択肢の一つとして真剣に検討する価値があると思います。

日本列島改造論がもたらしたもの

1972年に、自民党総裁選を直前に控えた、田中角栄氏が発表した『日本列島改造論』という本が大ベストセラーとなりました。日本列島を高速道路・新幹線・本州四国連絡橋などの高速交通網で結び、地方の工業化を促進しながら、人口の過密化と過疎化を解消するという内容で、地方分散の必要性を提言したものでした。確かに高速交通網は実現し、東京と地方との距離は時間的に縮まりましたが、残念ながら人口の地方分散に成功したとは言えませんでした。

私はその原因が〝政治〟にあったと考えています。象徴的なのが、第一次中曽根内閣が、東京を世界レベルの都市として強化しようと掲げた「アーバンルネッサンス構想」や、小泉内閣が目指した「都市再生」などです。

「アーバンルネッサンス構想」は、2階建てのオフィスビルが20階になれば、床面積も10倍となり、オフィスの生産機能も10倍になるという理論で、東京の高層化を推進しました。

「都市再生」は丸の内や六本木、新宿などの都市部の再開発に呼応したもので、土地・建築の規制緩和で容積率を上げ、敷地当たりの収益性を高める狙いでした。特に2000年代に入ってからは、丸の内や渋谷、新宿などで、いつ終わるともわからない再開発が続いています。人口の地方分散化はこれまでに何度も提言されて、動き出そうとしてきましたが、その度に揺り戻すかのような政策がおこなわれ、さらに東京は全国から憧れられる都市へと発展していったのです。

田中角栄氏の『日本列島改造論』は、高速交通体系を整備し、地方と首都圏を結ぶことで都会の過密、田舎の過疎を解消しようというものでした。『日本列島改造論』が出版される5年前の1967年に、日本の人口は初めて1億人を突破。2008年に1億2808万人でピークを迎えるまで、人口は増え続けました。

日本列島改造論には、増えていく人口を地方に分散させ、全国の人口バランスをとる狙いもあったかと思います。しかし先にも述べましたが、現在の日本を見てわかるように、その目論見は失敗だったと言わざるを得ません。

高速交通体系がもたらしたものは、田舎から都会へ出てくる利便性を高めました。

都会の過密、田舎の過疎を解消するための施策が、皮肉にも逆に働いてしまったのです。どんなに立派な道路や鉄道があっても、仕事がなければ住み続けることはできません。逆に都会へ行けば仕事も娯楽もある。どちらを選ぶかは明白です。

さらに日本列島の隅々まで伸ばした各種インフラは、約40年経った現在は老朽化が目立ってきています。これらを補修して使っていくのか、もしくはスクラップアンドビルドして、ゼロベースで見直していくのか、という問題もあります。

田中角栄氏の『日本列島改造論』が、〝外側へ広げていく〟施策だったとすれば、人口減少・少子高齢化が加速する日本がとるべきは、〝内側へたたんでいく〟施策でしょう。考え方は先に解説した「コンパクトシティ」と同じです。各道府県の中で中核となる都市を定め、行政機関や商業エリアを集約し人口密度を高めていく。中核都市の周辺にサブ拠点となる地域を配し、互いに往来できる交通網を整備していく。

老朽化したインフラはコンパクトシティ化により需要がなくなったものから廃止にし、新設するインフラは、今後も人口が減少していくことを前提に、持続可能な設計にしていく必要があります。

持続可能な日本にしていくには「東京一極集中」を解消するしかない

アメリカは経済の中心はニューヨーク、政治の中心はワシントンＤ・Ｃと、機能が振り分けられています。ブラジルも同様に、政治の中心は首都・ブラジリア（以前はリオデジャネイロ）で、経済はサンパウロと分かれています。ところが日本の場合は政治も経済も、東京都に一極集中しています。データもそれを表しており、日本の都道府県別人口と1人当たりのＧＤＰの順位は、ともに東京都が1位です。ちなみに人口ランキングの2位は神奈川県で、3位が大阪府。ＧＤＰランキングは、2位が愛知県で、大阪府は12位、神奈川県にいたっては35位と低迷しています。いかに東京が突出しているかがわかります。

しかしその東京も、２０４０年には人口減少に転じると予測されています。日本各地から人口が転入している東京都が人口減少に転じるということは、いよいよ日本の終焉が見えてくるということです。そうならないためにも、一刻も早い地方の活性化が必要となります。

2012年からの第二次安倍内閣が進めた「地方再生」の一環として、東京一極集中を是正し、東京圏から地方へ人の流れをつくるための方策として中央省庁の移転案が打ち出されました。しかし2024年6月現在は、先に述べた文化庁の京都府移転しか実現していません。

なぜ実現できていないのかは、政治が決断しきれなかったことに尽きます。決断できなかった背景には、おそらく利権者への忖度があるものと思われます。政治資金規正法の改正案で、自民党が政策活動費の領収書公開や、パーティー券購入者名の公開基準引き下げに、頑なに抵抗するのも、きっと同じような理由でしょう。

地方復活のカギは「東京都」

地方に人口を分散させるために中央省庁を地方に移転することは安全保障の面でも、経済面においても有用な政策だと思います。理想は、行政機能が各道府県に分散し、そこを中心にまちとして発展していくことです。

まちが発展していくためには、経済的な基盤＝産業が必要ですが、省庁が移転することで、その省庁との関わりが深い業種の企業が、一緒に拠点を移す可能性も出てきます。地方自治体が、業種に特化した税制優遇措置を設けるなど、背中を押すような施策を実行し、企業の地方移転・または進出が進めば新たな雇用も生まれ、地方の活性化にもつながることになります。

アメリカのカリフォルニア州には映画の都として名高いハリウッドや、Ａｐｐｌｅ社、Ｍｅｔａ社（旧Ｆａｃｅｂｏｏｋ社）、Ｇｏｏｇｌｅ社といった多くの技術系のグローバル企業が集まるシリコンバレーがあります。日本でも地方・地域ごとに特色のある産業が生まれるようになれば面白いかなと思います。

現時点で真っ先に思いつくのが、自動車産業をリードするトヨタの本拠地がある愛知県。都道府県別の、1人当たりのGDPの順位は東京につぐ2位という高さです。トヨタをはじめとする、いくつかの自動車メーカーによる「型式指定」の不正申請が社会問題となりましたが、自動車産業は日本の基幹産業と言っていいので、しっかりと襟を正して信頼回復に努めてほしいところです。

世界的な半導体メーカー「台湾積体電路製造（TSMC）」の工場誘致に成功した熊本県（菊陽町）も注目です。TSMCが世界最大手のメーカーということで、菊陽町や周辺自治体への進出を希望する企業が相次ぎ、地価が急上昇しているそうです。

目の付けどころがユニークなのが群馬県です。県内に事業所を設置しようとするクリエイティブ関連企業に対して、「群馬県クリエイティブ産業移転促進補助金」を用意。アニメ、ゲーム、マンガ、映画、映像、音楽等のコンテンツの企画または制作等をおこなう企業が対象だそうです。特にアニメ、マンガは日本が世界に誇るカルチャーです。そこに自治体としていち早く目を付け、産業・人材を育てる仕組みをつくろうとしている。実に興味深い試みです。

日本が持続可能な国となるためには、地方の活性化は避けては通れない問題です。安芸高田市長を1期約4年間、務めた人間として、地方に人口を引き戻すのは、簡単ではないことを痛感しました。東京から地方への人口移動や産業の創出には数十年単位の時間が必要です。だからこそ「東京一極集中化」の解消には、一刻も早く手を打っていかなければなりません。

必要なのは、転入者が引きも切らない状態にある、東京都からの押し戻し政策です。「東京一極集中化」の解消は、東京にとっても地方にとっても、そして日本国にとってもメリットのある政策です。本来ならば国政がスピーディに対応してくれたらいいのですが、数の論理＝政党政治で動いている国政では、あまりにも時間がかかり過ぎてしまいます。東京都がリーダーとなって全国の地方自治体と連携し、日本の人口動態をコントロールしていく。それが可能なのは、リーダーである「東京都」だけなのです。

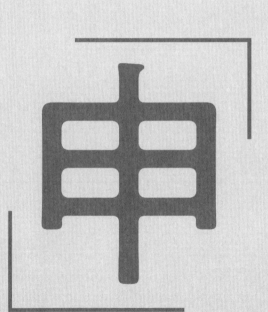

第七章

石丸伸二が物申す

2024年5月16日、私は東京都知事選に立候補することを表明しました。「安芸高田市を任期途中で見捨てるのか」「無責任だ」といった批判もありましたが、私はそうは思いません。むしろ4年間の任期を終える段になって、「志半ば」などという方が、よほど無責任だと思います。「4年の間に何も成し遂げられなかったのですか？」と思ってしまいます。

そもそも日本では地方自治体の首長の任期は4年と決まっています。私が二期目を目指して立候補したとしても、再選できる保証はどこにもありません。だから私はこの約4年間を全力で駆け抜けたのです。そして自分にできることは、すべてやり切ったと自信をもって言うことができます。「志半ば」などという無責任なことは言いません。

もちろん私も市長を続けられるものなら続けたいという思いは強くありました。行政に関心を持ち始めた住民が、次の議会議員選挙でどのような選択をするのか。議会で議員らと一歩も引かず論戦を繰り広げる、たくましくなった職員たちと、もっと一緒に仕事がしたい……。何度考えたことでしょう。

市長の任期中でできることはすべてやり切った

私は市長に就任した時に3つの公約を掲げました。「政治再建」「都市開発」「産業創出」です。

「政治再建」は比較的短期で実現できるもので、4~5年で達成可能です。事実、この3年半で住民と職員の意識はずいぶん変わりました。市の現状を理解してもらえた人や、危機感を共有してもらえている人が格段に増えたこと。感情ではなく理性で決断することの大切さを理解してもらえるようになったことを実感しています。「政治改革」は、私の任期中に達成できたと評価しています。

残念ながら議会だけは変わりませんでしたが、実際議会を変えるのは住民の皆さんです。旧態依然としたやり方や考え方、役に立たないプライドは、そう簡単に変えることはできません。しかし人を入れ替えることはできます。4年に1回行われる議会議員選挙で、皆さんが変えていけばいいのです。

「都市開発」は、もう少し時間がかかって10~20年を要することになるでしょう。こちらは平成の大合併から進むことがなかった公共施設の統廃合スケジュールを、より具体的に再調整しました。また未来への投資として、生徒数が減り続けている6町の中学校を統合する案も進めています。「都市開発」においては、今後10~20年かけて、安芸高田市が進むべき方向は示すことができたと思います。

「産業創出」には、さらに時間が必要で20年、30年とかかるでしょう。また安芸高田市単独の力では実現が難しく、外から力を借りなければおそらく達成は難しいと思います。こちらは幸い、ニュービジネス振興のための政策提言や、起業家の育成・発掘の支援事業などをおこなっている「一般社団法人 東京ニュービジネス協議会」(以下、東京NBC)と包括連携協定を結ぶことができました。2024年4月には東京NBCのメンバー数十人が安芸高田市を視察に訪れ、不採算に陥っている公共施設を見学しました。すると数日の間に私たちでは思いもつかないようなアイデア・提言を、たくさんいただくことができたのです。

私は前職が経済アナリストなので、マクロ経済や金融市場といった経済財政への知見に関してはアドバンテージがあると思うのですが、0から1を生み出すのは得意ではありません。既存のものを改変することはできても、無から有を生み出すことは苦手です。だから新規のビジネスを立ち上げる、ベンチャースピリットに溢れた人たちを、純粋に尊敬するし、憧れも強いのです。

自分にできないこと、不向きなことを無理にやろうとは思いません。そういったことが得意な人たちの力を借りるのが最善と考えています。

東京NBCからの提言は今後も続いていくことでしょう。新しいビジネスを創出していくためには、まだまだ時間が必要ですが、大きな種を蒔くことはできたと思います。

私の人生くらいなら、いくらでも賭けてやる

私が東京都知事選に挑戦したのは、安芸高田市を見限ったからでも、ましてや自分が目立ちたいからでもありません。小さな地方自治体の首長が、議会との対立を面白おかしく動画で配信し、ネット民に祭り上げられ調子に乗っている。そんな批判を目にすることもあります。しかし、そんな軽い気持ちで立候補を考えたわけではありません。

今、日本は少子高齢化に加え、人口減という未曽有の国難状態にあります。手の打ちのようがあるうちに、なんとか日本をいい方向へと向かわせたい。そのためなら〝私の人生くらいなら賭けてやる〟。そのくらいの覚悟はしています。

２０２０年時点で日本の人口は約1億２６００万人ですが、２０４０年には１３００万人も減少するというデータが出ています。約1割です。20年後にはあなたの隣の10人に1人がいなくなるのです。人口動態調査は、かなり正確に導き出すことができるので、このまま何の手も打たなければ、20年後の日本が崩壊に向かうことは

確実です。

東京の人口は当面は増え続けますが、2040年を境に減少に入ります。その頃には日本の多くの自治体が消滅しているでしょう。日本の崩壊はすでに地方から始まっていることを、小さな地方自治体の長を務めた人間として、私は知っています。人口が減るということは、あらゆるものが余っていくということです。

前述の通り、安芸高田市に限らず各地方自治体では公共施設がダブついてきており、その対応に頭を悩ませています。東京は2040年まで人口増の傾向にありますが、それに合わせて都市を拡張するのではなく、現状の人口を上限として考えてみてはどうでしょうか。そのためには東京都の人口のリバランスは絶対必要になります。

残念ながらこういった危機感を持っている人は少ないように思います。特に財政が潤っている東京都民は、自分事として考えにくいことでしょう。他の地方自治体が抱える財政赤字の問題、人口減少の問題は、今のところ東京都にはありません。しかし、東京が現在のように成り立っていられるのは、全国各地から人材や資源を供給してもらっているからという事実を忘れてはいけません。できるだけ早く手を打たなければ、日本は確実に地方から消滅していき、あらゆる資源を地方に頼る東京もおのずと衰退・消滅へと向かうことは必定です。

東京が抱える最大の問題は「人口の過密」

現在の日本の人口は東京に一極集中しています。その数約1400万人。実に日本の人口の10％以上です。さらに東京の中でも23区とそれ以外での格差があります。東京23区の人口は約970万人もいるのです。先ほど「東京都には財政赤字の問題、人口減少の問題はない」と書きましたが、東京に課題がないわけではありません。東京が抱える最も大きな問題、それが、〝人口の過密〟なのです。

2020年に小池百合子氏が一期目の都知事選に望んだときの公約は「7つのゼロ」でした。

小池都知事2016年の公約〝7つのゼロ〟

- ペット殺処分ゼロ
- 満員電車ゼロ

- 待機児童ゼロ
- 残業ゼロ
- 都道電柱ゼロ
- 介護離職ゼロ
- 多摩格差ゼロ

個人的にはかなりハードルの高い公約のように感じます。実際、小池都政8年間に達成できたのは「ペット殺処分ゼロ」だけです。

この公約をよく見てみると、人口の過密が原因で起こっている問題が多いことがわかります。少なくとも「満員電車」「待機児童」「多摩格差」は、東京23区に人口が集中していることが原因で起こっている問題と言っていいでしょう。

動画の切り抜きなどで私を知った方の中には、私が都知事になったら「東京を解体する」と思っている方が多いのではないでしょうか。これは半分不正解です。私が目指しているのは、東京の人口の〝リバランス〟です。

理想としては東京の人口を地方に押し戻すことなのですが、これには大変な時間と労力を要します。受け入れ先の自治体との調整が必要ですし、移り住んだ人たちが働く場所＝産業の創出も絶対条件になるからです。

もし私が都知事の立場なら、まず東京都内での人口のリバランスから手をつけるでしょう。東京23区から多摩地区に人間が移動するだけでも、「7つのゼロ」のかなりの部分を同時並行的に解消できると思います。一つひとつの課題に、対症療法的に当たっていてはおそらく埒があかないでしょう。自転車のパンク修理に例えれば、穴の開いた箇所を一つひとつ探して塞いでくより、チューブごと交換した方が効率的だということです。

このままでは東京と地方の格差は広がるばかり

第二段階は東京都と隣接する神奈川県、千葉県、埼玉県との関係調整です。象徴的な出来事が2024年5月にありました。この3つの県の知事が文部科学省を訪れ、要望書を提出したのです。内容は「財源が豊富な東京都が、高校授業料実質無償化などの施策を打ち出し、周辺自治体との地域間格差が拡大している」というもので、格差が生じないように、国の責任と財源で必要な措置を講じることや、自治体間の税源の偏りを抑える地方税の仕組みを構築することを求めました。

東京都内の高校は2024年度から、所得制限を撤廃し、実質的に授業料が無償化されました。東京在住者が対象となっているため、東京都に住民票がある生徒は神奈川、千葉、埼玉など、隣県の私立高校で学ぶ場合も無償化の対象となります。

一方で隣県に住む生徒が東京の私立高校に通う場合は対象とはなりません。同じ学校に通う生徒なのに、授業料を払う人と払わない人が混在することになります。これはあまりにも不公平ではないでしょうか。他の地方自治体から見れば、神奈川、千葉、埼玉の税収もうらやましい規模ではありますが、その3県ですら東京との格差に悩まされているのです。このまま放置してしまうと、東京一極集中の流れは加速するばかりです。

高校無償化の問題は、おそらく一端に過ぎず、あらゆる行政サービスの面で東京と地方の格差は広がりつつあります。東京都と他の地方自治体は、敵同士ではありません。一緒に住みやすい日本をつくっていくチームメイトです。自分のところだけがよければいいという考えはありえません。東京都が47都道府県のリーダー的な存在であることは、誰もが認めるところでしょう。一つひとつの事案と向き合い、調整していくだけでも効果はあると思います。今こそ東京都はリーダーシップを発揮すべきタイミングなのです。

人口リバランスを実現させるシステムを双方で考える

都内の人口リバランス、隣接県との格差調整を経て、最終的には東京から地方へと人が流れていくシステムづくりが必要になるでしょう。しかし日本国憲法第22条に、「何人も、公共の福祉に反しない限り、居住、移転及び職業選択の自由を有する」と定められているため、強制的に移住させるわけにはいきません。

「人を動かす」という点において、2つのメカニズムが知られています。それが「インセンティブ（報奨）」と「ペナルティ（罰）」です。

人口リバランスの話をすると、税率を上げること（＝ペナルティ）で東京都の人口を減らす、という安易な考えに至る方も多いのですが、人を動かすというのは、そんな単純な話ではありません。現実的に考えて、かなり難しいと思います。そこで、まずは流入を食い止める方法の模索から始め、同時に東京都内の格差（多摩格差）のリバランスと、全国格差のリバランスを、並行して取り組んでいく必要があります。

そこで大事なのが、「人が動きたくなる」仕組みです（＝インセンティブ）。多摩地区や地方が、23区や東京に負けない魅力を何か一点でもいいので、作らなければいけません。ただその動きは、それぞれに任せていても、自力では進まないのが現実です。東京がリーダーシップを発揮して、手伝う役割を担う必要があります。それによって、各地方の魅力が再発見され、人生のシーンによって住む場所が選択しやすくなる「回遊型社会」の構築を目指したいと思っています。

東京と地方がそれぞれで複数の施策をおこない、それを連動させて一石二鳥を狙っていく。そのような舵取りが、今後求められると考えます。

そして、その実現には東京都と46道府県が、今よりもさらに連携を深めていく必要を感じています。趣味や文化、自然環境や歴史、46道府県それぞれが明確な特色を打ち出し、独身時期はこの地域、結婚したらこの地域、子育て時期はこの地域、子どもが独立したらこの地域、老後はこの地域など、人生の様々なシーンで過ごす地域を自らの意思で選んでいく。時間がかかるのは承知の上ですが、そんな社会ができたら、日本が抱える根源的な課題が、解決に向かっていくと信じています。

人口分散がもたらす新しい可能性

東京一極集中の解消は、前述の災害へのリスクなど、様々なメリットをもたらします。実は私は〝経済〟と〝文化〟においてもメリットがあると思っています。

江戸時代に「参勤交代」という制度がありました。全国の大名に江戸と自国領地に1年おきに住むよう義務付けたもので、大名の財力をそぎ落とす目的があったとされています。諸大名は1年おきに江戸と自分の領地を行き来しなければならず、その度に大名行列をつくり、多額の費用をかけて移動していました。

藩によって距離が違うので行程は様々ですが、参勤交代のために街道が整備されたり、宿場町が発展したりと、経済・文化が生まれました。参勤交代がなければ、葛飾北斎の『冨嶽三十六景』や『東海道五十三次』はなかったかもしれません。

高速交通網が発展した現代とは事情は違いますが、人が集まる場所に経済や文化が生まれることは事実です。東京の一極集中が解消され、地域それぞれの特色ある産業、名物が生まれてくるようなことを想像すると、ちょっとワクワクしませんか？

東京都でも「未来への投資」を実現したい

もし都知事になったとしたら、ぜひ取り組みたいのが「未来への投資」です。安芸高田市でも実現した「生徒が決める100万円事業」。市内にある2つの公立高校、吉田高校と向原高校の生徒会に100万円を渡したという取り組みです。配布するのは学校ではなく、あくまでも「生徒会」なのが肝です。生徒みんなのために、生徒会長の裁量で100万円の使い道を考えてもらうのです。

吉田高校では2つの取り組みに使うという方向が示されました。1つは文化祭。各クラスに割り振られている配当金を増額し、それぞれのクラスに学校の魅力向上を考えた催しを企画してもらおうという試みです。もう1つは食べ物の自動販売機の導入と飲食スペースの整備でした。自動販売機はお弁当作りの負担軽減や、部活動などに勤しむ生徒の補食、飲食スペースは生徒同士の交流の場とすることが目的とのことです。

生徒数が急激に減少している向原高校は、地域の小中学生に向けた音楽フェスを企画しました。小中学生をターゲットにしたのは、向原高校の魅力を伝えて、近い将来の入学希望者を増やしたいとの思いからです。会場は同校のグラウンドで、キッチンカーや飲食ブースも出店。生徒たちのステージや広島出身のアーティストのライブ、中高校生が中心となったダンスパフォーマンスなどで大いに盛り上がりました。

両校の生徒会とも、100万円という金額にプレッシャーを感じながらも、一生懸命に素晴らしい企画を考えてくれました。自分たちで決めることの責任と大切さを感じてくれたと思います。うれしかったのは、現役生徒のためだけでなく、将来の後輩たちのことも視野に入れた企画であったこと。本当にやってよかったと思いました。

もし東京都でやろうと思ったら、都立高校だけでも197校あるので、2億円近い予算が必要になります。さすがに規模が違うなとも感じましたが、安芸高田市は200億円の年間予算のうちの200万円。東京都は8兆円のうちの2億円なので、財政負担としては小さい方です。また、東京都には私立高校もたくさんあります。予算編成や資金調達方法によっては、すべての高校で展開することも可能かもしれません。

確か東京都庁のプロジェクションマッピングの予算が約8億円だったと思うので、その予算を回せば4年分がカバーできてしまうんですけどね（笑）。

子どもたちの未来のために「私たちは変われるし、変えられる」

なぜ私が「未来への投資」にこだわるのか。それは少しでも明るい未来を、子どもたちに引き渡したいと考えているからです。このままのペースでいけば日本の人口は、2100年には6300万人にまで落ち込むというデータが出ています。現在のほぼ半分です。このまま人口が減り続けるならば、地方の多くの小都市は消滅するでしょう。国全体としても市場は急速に縮小し、あらゆる経済社会システムが機能しなくなります。

「2100年なんて、まだまだ先」と思っていませんか？　よく考えてみてください。2024年に生まれた新生児は、2100年は70歳代中盤で、まだまだ元気に生きている可能性が高いです。今の子どもたちに、絶望的な未来を迎えさせていいのでしょうか？

「なぜ自分たちの親は、予測されていた危機に向き合ってくれなかったのか」

そんな風には言われたくありませんよね？

今の政治を変えられるのは私たち大人

私の安芸高田市長退任式の数日前、市内の中高校生に参加していただき、「あきたかたMeet-up～中高生と語ってみる」が開催されました。私はオンラインでの参加となりましたが、イベント終了後に、一人の中学生が永井初男教育長の元へやってきて、こう言ったそうです。

「私は、いま自分に選挙権がないことが悔しくて、悔しくて、悔しくて、悔しくて」という言葉を、3回も重ねるように言ったというのです。

私が市長に就任した時に挙げた公約の一つ「政治再建」は、まず住民の皆さんに政治に興味をもってもらうのが出発点です。その思いはしっかり子どもたちに受け継がれており、涙が出そうになるほど感動しました。と同時に、いまの政治を変えられるのは、選挙権をもつ私たち大人なのだということを、あらためて認識しました。

昨今は選挙がおこなわれるたびに投票率の低さがニュースになります。選挙権があっても投票に行かない理由の多くは、「自分が投票に行ったところで何も変わらない」というものです。一方で中学生が、自分に選挙権がないことを嘆いている。これは一体どういうことでしょうか？　大人としてちょっと、いや相当に恥ずかしいことだと思いませんか？

投票に行かない＝ゼロには、掛け算でどんなに大きな数字をかけても〝ゼロ〟です。10人が投票に行かなかったら0票ですが、その10人が1票ずつ誰かに投票したなら、何かが変わる可能性が生まれます。

本書で私は「危機感」と「覚悟」という言葉を、多用してきましたが、私は未来への絶望を語りたいわけではありません。

一人の大人として、自分に与えられた役割を全うすることが、未来の子どもたちへの責任です。役割を全うするということは、周囲の期待に応えることでもあります。そうやって一人ひとりが覚悟をもって積み重ねた結果が、明るい未来をつくるのです。まだ間に合います。目の前の課題から目をそらさずに真剣に向き合って、一つ一つ解決していきましょう。どうかその覚悟を決めてください。

私たちは変われるし、変えることができるのですから。

おわりに

この本が皆さんの手元に届く頃には、私が立候補した東京都知事選の結果が出ています。私はどんな顔をしているでしょうか。当選して満面の笑みでしょうか。惜敗して悔しそうな顔でしょうか。惨敗して世間から呆れられているでしょうか。

出馬するからには、当然勝利することを目標にしていますが、おそらく選挙戦を戦いきった私の顔は、晴れ晴れとしていると思います。

原稿を執筆中の現在、まだ告示日を迎えていないため、正確な人数はわかりませんが、今回の都知事選は、過去最多の立候補者数になりそうです。有権者にとって選択肢が多いのは、喜ばしいことです。

選挙の結果はよくても悪くても受け入れざるを得ませんが、個人的に気になっているのが投票率です。

2024年の都知事選の投票率はどれくらいでしたか？　ちなみに前回の2020

年は55・00％、前々回の２０１６年は59・73％でした。

人が行動を起こす一番の背景は、危機感と問題意識です。とにかく現在の日本が抱えている危機感を共有する。それが少しでも浸透すれば投票率も上がるはずです。結果の勝ち負けは置いておくとし、自分としては挑戦した甲斐があったと思えるくらい、投票率の底上げに意識を向けています。

私が東京都知事選に挑んだ理由は、どうしても日本の行く末が心配だったからです。前職の銀行で経済アナリストを務めていた時から、日本の少子高齢化、人口減少、そして国民の政治への無関心さに、「日本はこのままで大丈夫か？」という疑念にとらわれていました。50歳くらいで銀行を辞めて安芸高田市に戻って、生まれ故郷のために働けたら。そんなことを漠然と考えていましたが、そのタイミングは10年以上早くやってきました。

前任の市長が公職選挙法違反で辞任したことを受けて、急遽市長選に出馬。何の準備もないままの、約１か月間の選挙戦でしたが、無事当選することができました。

就任してからの１期、約４年間はあっという間でしたが、安芸高田市長を務めて実感したことは、日本の崩壊は想像以上に早く進行しているということでした。そしてそれ以上に痛感したのが国民の危機感のなさでした。

かくいう私も「50歳で地元に帰って」などと考えていたのだから、他人のことをどうこう言える身分ではないのかもしれません……。しかし私は日本が国難ともいえるレベルの危機の真っ只中にいることを知ってしまいました。知ってしまったからには指をくわえて見ているわけにはいきません。

だから安芸高田市長の二期目ではなく、東京都知事選を次のステージとして選んだのです。日本の未来を考えた時、一番大きな自治体である東京都を動かす必要があると確信しました。それなら国政に進出すればいいじゃないかとおっしゃる方もいます。しかし国政の一議員と自治体の首長とでは、執行できる権限が大きく違います。それが東京都知事ともなればなおさらです。

国政は、数の論理で成り立つ政党政治です。決して国政を軽んじているつもりはありませんが、この日本の危機を前に、政党間のパワーゲームに巻き込まれるわけにはいきません。今回の都知事選候補者の中にも、堂々と政党対決を表明している方がいらっしゃいましたが、私の危機感とはまるで次元が違います。私は東京の未来、地方の未来、日本の未来について語りたいのです。政治家の裏金問題や政権交代については国政で論じればいい話で、東京都の問題とすり替えないでほしいというのが正直な気持ちです。

私は都知事選では、政党・団体の公認や推薦を不要としました。支持団体を持たずにこれだけ大きな選挙を戦うのは、正直不利であることは承知しています。しかし、それが私らしさでもあります。どこかの誰かに忖度して政策がぶれてしまっては本末転倒であり、私がもっとも嫌う姿でもあります。

本書が私の手元に届くとき、選挙の結果にかかわらず私の人生は大きく変わっていることでしょう。どう変わっているのか、また本書を手にした私が何を考えているのか、楽しみでもあります。そう考えると少し不思議な感じですが、いずれにせよ、後悔だけは絶対にありません。なぜならその立場を選んだのは私自身なのですから。

そのくらいの覚悟は、とっくの昔にできています。

石丸伸二

石丸伸二
前広島県安芸高田市長

1982年生まれ。2006年、京都大学経済学部卒。三菱UFJ銀行入行。14年アナリストとして米ニューヨーク赴任。 2020年に広島県安芸高田市長選挙へ立候補、大差で当選。同年8月より市長を務めた。インフルエンサー市長として活躍し、自治体YouTubeチャンネルは、東京都を超え登録者数日本一に。忖度や根回しのない、あるべき姿に対しストレートな政治手法が、多くの国民から支持され、話題になっている。X(旧Twitter)のフォロワー数は約40万人。2024年6月に市長を辞任し、東京都知事選へ出馬。有力候補の一角と目されている。

「石丸伸二ファンクラブ」のご案内（読者限定特典動画付）
石丸伸二ファンクラブは、石丸伸二を応援し、活動をサポートするための、公式ファンクラブです。下のQRコードから入会フォームにご記入の上、ご参加ください。

シン・日本列島改造論

2024年　7月16日　初版第1刷発行
2024年　8月 9 日　第3刷発行

著者	石丸 伸二
発行者	津嶋栄
発行	株式会社日本経営センター（フローラル出版） 〒171-0022 東京都豊島区南池袋1-9-18　GOGOオフィス池袋　250号室 TEL　03-6328-3705（代表） メールアドレス：order@floralpublish.com
印刷・製本	株式会社ティーケー出版印刷

ISBN 978-4-910017-61-7 C1031